安全生产知识百点通丛书

职业心理健康知识百点通

主　编　王　乾　王露露
副主编　武　琪　梁梵洁

中国劳动社会保障出版社

图书在版编目（CIP）数据

职业心理健康知识百点通/王乾，王露露主编．北京：中国劳动社会保障出版社，2024．--（安全生产知识百点通丛书）．-- ISBN 978-7-5167-6546-3

Ⅰ．C913.2

中国国家版本馆 CIP 数据核字第 20241QC178 号

中国劳动社会保障出版社出版发行

（北京市惠新东街 1 号　邮政编码：100029）

*

辽宁虎驰科技传媒有限公司印刷装订　　新华书店经销

880 毫米 ×1230 毫米　32 开本　5 印张　112 千字

2024 年 6 月第 1 版　　2024 年 6 月第 1 次印刷

定价：18.00 元

营销中心电话：400-606-6496

出版社网址：http://www.class.com.cn

“安全生产知识百点通丛书”编委会

内容简介

提起安全生产，人们首先想到的是意外事故和职业健康危害因素对职工的伤害，而对于职业心理健康的关注却相对不足。实际上，与安全生产中的显性危害一样，工作压力、心理负荷和客观环境造成的心理不适也会对职工的心理健康产生隐性伤害，并进一步对其身体健康产生负面影响。维持良好的职业心理健康有助于提高工作效率、增强工作满意度并改善整体工作、生活质量。

本书是"安全生产知识百点通丛书"之一，以问答的形式介绍了全面的职业心理健康的相关知识，主要内容包括职业心理健康相关知识概述、职业群体的心理健康、保持心理健康、心理健康与工作效率、特殊情境下的心理健康、有益于心理健康维护的日常习惯、提高心理韧性、心理健康与社交等。

本书所选问题典型，通俗易懂，文字简洁，版式设计新颖且活泼，配以原创漫画插图，生动直观。本书适合各类用人单位的职工、安全生产管理人员、安全生产负责人等读者群体，同时也有助于提高广大职工对职业心理健康知识的储备量。

目　录

一、职业心理健康相关知识概述 …… 1

1. 什么是心理健康? …… 1
2. 心理健康与身体健康的关系是什么? …… 2
3. 心理健康的标准有哪些? …… 4
4. 心理健康的表现有哪些? …… 5
5. 什么是心理不健康状态? …… 8
6. 心理不健康的分类及表现有哪些? …… 8
7. 什么是心理亚健康状态? …… 9
8. 心理亚健康状态的表现有哪些? …… 10
9. 什么是心理冲突? …… 11
10. 什么是心理障碍? …… 13
11. 什么是消极心理? …… 15
12. 什么是个体心理? …… 17
13. 什么是群体心理? …… 18
14. 个体心理与群体心理的关系是什么? …… 20
15. 什么是个性倾向? …… 21
16. 认识过程与安全生产的关系是什么? …… 23
17. 情感过程与安全生产的关系是什么? …… 24
18. 意志过程与安全生产的关系是什么? …… 25

19. 注意过程与安全生产的关系是什么？ …………… 26
20. 什么是人体生物节律？ ………………………… 27
21. 哪些心理容易导致人为失误？ ………………… 28
22. 为何心理健康在职业中如此重要？ …………… 30

二、职业群体的心理健康 ……………………………… 32

23. 什么是职业心理健康？ ………………………… 32
24. 职业心理健康的标准是什么？ ………………… 33
25. 职业心理健康涵盖哪些方面？ ………………… 35
26. 职业心理健康问题有哪些表现？ ……………… 38
27. 职业心理健康问题的主要产生原因是什么？ ……… 40
28. 影响职业心理健康的主要因素有哪些？ ………… 41
29. 煤矿工人的心理健康状况和衡量标准是什么？ …… 42
30. 煤矿工人的心理健康问题主要有哪些？如何预防？ … 43
31. 冶金工人的心理健康状况和衡量标准是什么？ …… 46
32. 影响冶金工人的心理健康的因素有哪些？如何预防？ ………………………………… 47
33. 如何评价化工从业人员的心理健康状况？ ……… 49
34. 化工从业人员的心理健康问题主要有哪些？如何预防？ ………………………………… 50
35. 建筑工人可能产生哪些心理健康问题？ ………… 52
36. 建筑工人的心理健康问题如何预防？ …………… 53
37. 消防和应急救援人员的心理健康状况和衡量标准是什么？ …………………………………… 55
38. 消防和应急救援人员的心理健康问题如何预防？ … 56

三、保持心理健康 …………………………………… 58
39. 如何识别心理健康问题？ ………………………… 58
40. 哪些心理咨询的误区应该避免？ ………………… 59
41. 哪些身体症状可能暗示潜在的心理健康问题？ …… 61
42. 有哪些常见的心理健康问题的初期迹象？ ………… 62
43. 什么是心理测量？ ………………………………… 63
44. 心理测评量表有哪些类别？其主要应用场景有哪些？ … 64
45. 为什么预防心理健康问题至关重要？ …………… 65
46. 如何识别并应对可能导致心理健康问题的压力源？ … 67
47. 如何减轻压力与焦虑？ …………………………… 69
48. 如何保持健康情绪？ ……………………………… 71
49. 如何塑造健康人格？ ……………………………… 72
50. 如何进行积极心理的培养？ ……………………… 73
51. 有哪些职业因素可能增加心理健康风险？ ………… 74
52. 哪些职业培训内容可以帮助预防职业心理健康问题？ ………………………………………… 76
53. 跨文化职业背景带来哪些心理健康挑战？如何预防？ ……………………………………… 78
54. 什么是企业员工心理援助项目？具体包含哪些内容？ ……………………………………… 80
55. 抑郁症的常见症状及治疗方法有哪些？ ………… 81
56. 强迫症的常见症状及治疗方法有哪些？ ………… 83
57. 社交恐惧症的常见症状及治疗方法有哪些？ …… 85
58. 选择恐惧症的常见症状及治疗方法有哪些？ …… 86
59. 创伤后应激障碍的常见症状及治疗方法有哪些？ … 87
60. 什么是认知行为疗法？其适用病症有哪些？ …… 89
61. 灾后心理援助治疗的常见方法有哪些？ ………… 90

62. 药物治疗与精神治疗如何结合？ …………………… 92
63. 完成心理治疗后如何确保持续的心理健康？ ……… 93

四、心理健康与工作效率 ………………………………………… 95

64. 心理健康对工作效率有何影响？ …………………… 95
65. 如何通过改善心理健康状态提高工作效率？ ……… 96
66. 心理健康与创新思维有何关系？ …………………… 98
67. 工作焦点与心理健康有什么关系？ ………………… 99
68. 心理健康与决策能力有什么关系？ ………………… 101

五、特殊情境下的心理健康 …………………………………… 103

69. 容易引起心理健康问题的场景有哪些？ …………… 103
70. 远程工作对心理健康有什么影响？ ………………… 104
71. 如何应对工作中的冲突和心理压力？ ……………… 106
72. 在经济不景气时如何保持心理健康？ ……………… 107
73. 如何处理工作与家庭的冲突以维持心理健康？ …… 109

六、有益于心理健康维护的日常习惯 ………………………… 112

74. 哪些日常习惯对心理健康有益？ …………………… 112
75. 休息和放松对于心理健康的重要性体现在哪些方面？ ……………………………………………… 113
76. 参与集体活动对心理健康有哪些积极影响？ ……… 114
77. 身体锻炼对心理健康有哪些积极影响？ …………… 115
78. 良好的饮食习惯对心理健康有哪些积极影响？ …… 116

七、提高心理韧性 …………………………………………… 119

79. 什么是心理韧性？ …………………………………… 119
80. 心理韧性在应对工作压力中的作用有哪些？ ……… 120
81. 如何培养心理韧性？ ………………………………… 122
82. 心理韧性与职业有哪些关系？ ……………………… 124
83. 遇到挫折时，如何利用心理韧性进行自我恢复？ … 126
84. 无法实现职业目标时的心理应对策略有哪些？ …… 128
85. 如何处理工作中的自我怀疑和不安全感？ ………… 129
86. 工作有关疾病是什么？ ……………………………… 131
87. 如何在工作中做好情绪管理和避免冲动行为？ …… 132

八、心理健康与社交 ………………………………………… 134

88. 社交与心理健康有什么关系？ ……………………… 134
89. 在工作中建立健康社交关系的方法有哪些？ ……… 136
90. 如何处理不健康的工作关系以维持心理健康？ …… 137
91. 网络社交对职业心理健康的影响如何？ …………… 138
92. 如何在工作中避免社交孤立？ ……………………… 140
93. 在团队合作过程中如何提升心理健康水平？ ……… 141
94. 如何应对工作中的歧视和不公平待遇？ …………… 143
95. 如何应对工作中的孤独和隔阂？ …………………… 145
96. 如何处理与工作相关的人际冲突？ ………………… 146

一、职业心理健康相关知识概述

1. 什么是心理健康？

在心理学中，心理健康被定义为：有利于个体身心发展，工作、学习有效率，维持良好生活质量的适宜的心理状态。它不仅是指避免心理疾病，更包括了积极的情感体验、适应压力的能力、正面的人际关系和对生活的积极态度。心理健康是一个动态的概念，随着时间和工作、生活经历的变化而不断发展。

心理健康涉及对自己的认知和情感的积极管理。这意味着个体能够理解自己的情感体验，接受并处理负面情绪，同时培养积极的情感。自我意识和自我接纳作为心理健康的关键组成部分，有助于建立稳定的自尊和自信。

人际关系也是心理健康的重要方面。人际关系的质量对一个人的心理健康有着深远影响。良好的社交网络和支持系统可以提供情感上的支持，使个体能够更有效地应对工作、生活中的压力和挑战。同时，积极的人际关系也有助于提高个体的幸福感和工作、生活满意度。

心理健康还涉及对压力的适应能力。工作、生活中难免会面临各种挑战和压力，而一个心理健康的个体能够有效地应对这些挑战和压力，采取积极的应对策略，而不是沉陷在负面情绪中。

此外，心理健康还与整体工作、生活质量紧密相连。一个心理健康的人通常更容易找到工作、生活的乐趣，对待问题更为乐观，有更强的动力和更高的目标。因此，心理健康的个体在工作、学习和社交领域往往更容易取得成功，建立起更加充实的生活。

心理健康是一个综合概念，包括身体、情感、认知、社交等多个方面。维护心理健康需要综合考虑个体的身体状况、情感状态、社交关系等多个方面，通过积极的生活方式、运用有效的心理调适策略，可以促进整体的身心健康。

2. 心理健康与身体健康的关系是什么?

心理健康和身体健康之间存在紧密而复杂的相互关系。心理健康水平不仅对生理有直接影响，而且在疾病的发展、康复过程中，与身体整体健康水平也相互关联、相互影响。下面将从不同角度探讨心理健康与身体健康之间的关系。

一方面，身体健康对心理健康有着直接影响。身体的生理状态能够直接影响大脑的功能和化学物质的平衡，从而影响情绪、认知和行为。例如，慢性疾病、慢性疼痛或体力疲劳都可能导致焦虑、抑郁等心理健康问题。此外，激素水平的波动、神经递质的不平衡等生理因素也可能对心理状态产生直接影响。

另一方面，心理健康也能够影响身体健康。长期的心理压力和负面情绪状态被认为是心血管疾病、糖尿病和某些癌症等慢性疾病的重要风险因素。持续的焦虑和抑郁都可能导致身体炎症水平的升高，影响免疫系统的正常功能，从而增加患病的风险。此外，长期的精神压力也可能对生活方式产生负面影响，如不健康的饮食习惯、缺乏运动等，进而影响身体的整体健康状况。

心理健康还与患病后身体的康复和治疗过程密切相关。积极的心理状态和良好的心理状况可以促进患者更好地应对身体疾病及其康复和治疗过程。有研究表明，乐观的态度和积极的情感体验可以提高患者对治疗的依从性，促进身体的康复。

社交关系在心理健康和身体健康之间起着桥梁作用。良好的社交支持系统可以缓解心理压力，降低患病风险。研究发现，长期的孤独感和社交孤立状态与身心健康问题之间存在密切联系。相反，积极的社交关系和亲密的人际关系有助于提高心理韧性，增强个体对工作、生活挑战的适应能力。

心理健康和身体健康的关系也体现在生活方式的选择上。身体健康的促进需要选择一系列良好的生活方式，如健康的饮食、足够的睡眠、适度的运动等。而这些生活方式的选择受到心理因素的影响，例如，焦虑和抑郁可能导致不健康的饮食习惯以及缺乏运动，进而对身体的整体健康产生负面影响。

总之，心理健康和身体健康是相辅相成、相互影响的两个方面，它们之间的相互关系是复杂而动态的，需要全面考虑生理、心理、社会等多个因素。维持身体健康对心理健康同样重要，而保持积极的心理健康状态也可以为身体健康提供有力支持。因此，关注和促进身体健康与心理健康的综合发展对于实现整体健康至关重要。

3. 心理健康的标准有哪些?

由美国心理学家亚伯拉罕·马斯洛和德尔弗·密特尔曼提出的心理健康的十条标准，是在心理学领域中被广泛应用的经典标准之一。

（1）充分的安全感

拥有安全感是建立心理健康的基础。这意味着个体在工作、生活中感到安全和受到保护，不会频繁受到威胁或不安全感的侵扰。安全感来源于稳定的家庭环境、可靠的社会支持以及对未来的可预测性。

（2）充分了解自己，并对自己的能力作适当的估价

个体应该深刻地了解自己，对自己能力有客观认知，意识到自己的价值，充分认知自身的需求和愿望，以及了解自己的兴趣和激励因素，这对建立积极的自我认同至关重要。

（3）生活的目标切合实际

个体设定的生活目标和追求的方向应该符合现实条件和具备可能性，避免过分理想化。设定切实可行的目标能够激发动力，增强成就感，同时避免因不切实际的目标而导致产生挫折感和失望感。

（4）与现实环境经常保持接触

个体需要积极适应周围环境的变化，与现实环境保持良好的接触。灵活适应变化的能力是关键，可以通过不断学习、适应新技术、认知新信息等方式实现。

（5）能保持人格的完整与和谐

个体应该保持内在一致性和和谐感，即个体的行为、价值观和目标之间的统一。通过自我反思、价值观的明确，个体可以在不同的环境中展现出稳定的人格特质。

（6）具有从经验中学习的能力

通过经验获得新知识和技能的能力，可以促进个人的成长

和发展。善于反思和从失败中吸取教训，持续学习和发展新技能，有助于增强适应能力。

（7）能保持良好的人际关系

个体应与他人建立积极健康的关系，包括建立健康的朋友关系、家庭关系和职业关系。有效的沟通、同理心以及解决冲突的能力是维持良好人际关系的重要因素。

（8）适度的情绪表达与控制

个体应对情绪进行适度表达，但应避免过度情绪化，并具备情绪调节的能力。学会有效地表达情感并保持情绪平衡，有助于维护个体心理健康。

（9）恰当地满足个体的基本需求

满足个体的基本需要是心理健康的前提，但这要在符合社会规范和道德准则的前提下进行，包括对食物、住房、社交等基本需求的满足。这有助于个体在社会中建立良好的声誉，实现与社会的和谐相处。

（10）能在集体中有限度地发挥个性

个体应在集体中充分发挥自己的个性，同时也需要在团队中合作和适应。个体应该在维持自身独特性的同时，学会与他人合作，共同为集体目标做出积极贡献。

4. 心理健康的表现有哪些?

心理健康的表现涉及个体在情感、认知、行为和社交等多个方面的状态和能力。

（1）积极的情感体验

心理健康的个体通常体验到积极的情感，包括喜悦、乐观、幸福、满足感等。但这并不意味着他们总是处于极端愉悦的状态，而是能够在生活中找到乐趣，并对积极的事物有敏感感受。积极的情感体验有助于提升生活质量，增强生活的意义感。

（2）出色的情感调适能力

心理健康的个体具备出色的情感调适能力，能够理解、接受并适应各种情绪。他们不仅能够有效地处理积极情绪，也能够从容地应对负面情绪，采用积极的方式来面对挑战和压力。情感调适能力的强大意味着个体更能应对生活中的起伏和挑战，而不是被情绪所主导。

（3）健康的自尊心和自信心

心理健康的个体通常具有健康的自尊心和自信心，能够正确认识自己的价值，接受自己的优点和不足。这种自尊和自信使个体更有勇气去追求目标，面对生活中的困难时更具有坚韧性。

（4）强大的适应能力

心理健康的个体具备强大的适应能力，他们能迅速调整自己的思维和行为，以灵活地应对生活中的变化和挑战。适应能力的强大使个体更具有生存力，更能在动荡和不确定的环境中保持稳定。

（5）积极的社交关系

心理健康与积极的社交关系密切相关。心理健康的个体通常能够建立和维护良好的人际关系，他们更懂得倾听和表达，更善于处理冲突，并能够在社交关系中体验到支持和关爱。

（6）灵活的思维方式

心理健康的个体通常拥有灵活的思维方式，能够以积极、开放的态度面对新的问题和挑战。他们擅长解决问题，能够迅速找到创新方案来应对生活中的复杂情境。

（7）自我实现和目标追求

心理健康的个体通常具有明确的自我实现目标，追求最大限度发挥个体潜能。他们不仅有远大的梦想，而且付诸实践，通过不断学习和发展来实现自己的目标。

（8）有效的压力管理

心理健康的个体能够有效地管理和适应生活中的压力。他们采用积极的应对策略（如寻求支持、调整期望值等），并能够在压力下保持相对的冷静和理性。

（9）深入的自我认知和反思

心理健康的个体具备深入的自我认知能力，能够清晰地认识自己的价值观、信仰、兴趣和行为动机等。他们会定期进行自我反思，从中学习并不断自我成长。

以上共同构成了心理健康的综合表现，而实现这些表现需要个体在不同方面提高自己的能力和素质。通过关注和发展不同方面，个体可以更好地实现心理健康，提高生活质量，并能更有效地应对工作、生活中的各种挑战。

5. 什么是心理不健康状态？

从心理学的角度来讲，心理不健康是相对于心理健康的概念，人们习惯称之为心理问题或心理障碍。心理不健康状态实际上就是正常的心理活动在某些方面出现了偏离或异常，给个体带来了一定程度的心理困扰。一般来说，心理不健康并不意味着心理产生了疾病，它仍属于“心理正常”这一范畴，只是其状态不符合某条或者某些心理健康的标准。因此，判断个体是否属于心理不健康状态的主要依据依然是心理健康的标准。

6. 心理不健康的分类及表现有哪些？

在心理学中，心理不健康状态一般分为一般心理问题、严重心理问题和神经症性心理问题。

（1）一般心理问题

一般心理问题主要是由现实因素激发、持续时间较短、对社会功能影响不严重、情绪反应能在理智控制之中，且仅局限于事件本身的一种心理不健康状态，主要具备以下特征。

1）通常由于现实生活压力、工作压力、情感矛盾、人际关系紧张等因素导致内心冲突，从而产生懊恼、生气、厌烦、焦虑、抑郁等不良情绪。

2）不良情绪持续时间较短，一般不间断持续不超过一个月，或者间断持续不超过两个月，且在此期间个体无法自行缓解或缓解不彻底。

3）尽管存在不良情绪，但个体能保持一定的理智，其行为基本正常，能够维持正常的生活、工作、学习、社会交往等，但会存在效率低下的现象。

4）不良情绪的激发因素自始至终仅局限于最初事件，不会扩散到其他事件，即使是与最初事件有联系的事件，也不会引起上述不良情绪。

（2）严重心理问题

严重心理问题是由相对强烈的现实刺激因素所激发的，初始情绪反应强烈、持续时间较长、内容充分泛化的心理不健康状态，主要具备以下特征。

1）通常是较为强烈的、对个体威胁较大的现实刺激，导致个体体验到强烈的痛苦情绪，如悔恨、冤屈、失落、愤怒、悲哀、消极等。

2）痛苦情绪持续时间较长，一般间断或不间断持续超过两个月，但不超过半年。

3）刺激强度与情绪反应强烈程度成正比；会导致人短暂失去理性，出现非理性行为；尽管随着时间推移，痛苦可能会减弱，但单纯依靠“自然发展”或“非专业性干预”，往往难以摆脱；由于痛苦情绪较强烈，对个体的生活、工作、学习、社交等都产生一定程度的影响。

4）痛苦情绪不仅能由最初的事件引发，还可能由与之相类似的事件触发，显现出情绪反应泛化的趋势。

此外，有严重心理问题的个体可能伴有人格缺陷基础，例如，过分追求完美，或者存在绝对化、非黑即白等不合理的认知理念等。

（3）神经症性心理问题

神经症性心理问题的概念比较模糊，相较于严重心理问题更为严重，但尚未达到神经症的诊断标准，可以被视为神经症的早期阶段或前驱状态。

7. 什么是心理亚健康状态？

心理亚健康状态是介于心理健康和心理障碍之间的中间状态，主要表现为持续的消极心理情绪状态，如抑郁、焦虑、恐惧、悲伤等。这种状态可能导致行为能力、反应能力、适应能力等减退，具体表现为情绪躁动、兴致低落、注意力不易集中、过分敏感等。

心理亚健康状态可能引发多种不良后果，如压抑、郁闷等不健康的心理感受，导致家庭生活失调、工作效率低下、学习成绩滑坡、人际交往困难等。此外，心理亚健康状态还可能表现为躯体不适、强迫症状、人际关系紧张，以及注意力涣散、记忆力与思维力下降等。

心理亚健康状态并不等同于心理疾病，但是一个需要关注和重视的问题。通过及时的心理调适和干预，可以有效地改善心理亚健康状态，提高个体的工作、生活质量以及心理健康水平。

8. 心理亚健康状态的表现有哪些？

心理亚健康状态一般表现出烦躁、焦虑、嫉妒、恐惧、记忆力下降、反应迟钝、精神不振、情绪低落等状态，具体主要表现为如下特征。

1）经常表现出心神不宁，做事情犹豫不决，对任何事情都缺乏充足的信心，焦虑紧张的情绪明显表现在面部表情上。

2）总是感到烦躁不安，难以控制自己的情绪，即使面对小事也大动肝火、大发脾气。

3）容易产生嫉妒、敌对等心理，对他人抱有一种轻视的态度，难以与他人建立良好和谐的人际关系。

4）记忆力出现明显下降，在生活和工作中经常忘记一些重要事情。

5）注意力难以集中，在工作和学习中经常分心，无法集中精力，导致效率低下。

6）反应迟钝，对许多事物失去兴趣，身体灵活性有所下降，在生活和工作中相较他人常常显得慢半拍。

7）出现强迫症状，在生活和工作中总是强迫自己做一些无效且无意义的事情，尽管主观上并不想做这些事情，却又无法控制。

8）长时间情绪低落，可能导致抑郁情绪产生，对自己存在的价值产生怀疑，甚至可能产生自杀的念头。

9. 什么是心理冲突？

心理冲突对个人经历和人类发展有着重要影响，受到社会心理学、实验心理学以及精神分析学，尤其是动机心理学界的普遍关注。长期以来，心理学家们对心理冲突进行了深入研究，提出很多相应的理论，并进行了详细论述。

心理冲突是指两种互相对立的情感或欲望同时并存于一个人的心里，当事人既不能放弃其中之一，又无法将二者协调统一起来，从而体验着紧张、不安或其他不快，甚至痛苦。心理冲突包括实际冲突和想象冲突。实际冲突是指现实生活中直接产生的冲突，对人的影响是有形的、有限的、可估量的；而想象冲突则是源于个体内心的想象和认知，其影响是无形的、无限的、不可估量的，常常随着人的想象而不断扩大和泛化。心理冲突还可分为常形冲突和变形冲突两种，常形冲突是正常人工作、生活中所不能避免的，而变形冲突则通过正确认知和合理调适是可以避免的。

（1）心理冲突常见的分类及表现

1）双趋冲突。这类心理冲突是指当两种或两种以上的目标同时吸引着个体，但由于条件限制只能选择其中一种时所产生的心理冲突，即人们常说的“鱼与熊掌不可兼得”。例如，教师职业角色与家庭角色之间的冲突，当个体既想在工作上取得突出成绩，又想充分承担家庭责任时，由于时间和精力是有限的，可能无法同时满足这两个角色的需求，从而可能产生双趋冲突。

2）趋避冲突。这类心理冲突是指同一目标对个体既有吸引力又有排斥力，导致个体在抉择过程中产生的心理冲突。以担任班主任为例，个体可能想当班主任以增加与学生交流和接触的机会，但同时又担心班主任工作的烦琐性和压力，由此产生趋避冲突。

3）双避冲突。这类心理冲突是指两种或两种以上的目标都是个体力图回避的，但由于某些原因只能回避其中一种，从而产生的心理冲突。例如，教师既不想在课堂上严肃地对待学生，以免被视为脾气暴躁，又不想因为不够严肃而无法维持课堂纪律，这就产生了双避冲突。

4）多重趋避冲突。这类心理冲突是指当个体面对两种或两种以上的目标，每种目标都同时具有吸引和排斥的特质，使得个体在决策时必须进行多重的权衡和考量，从而产生的心理冲突。例如，在选择工作时，一份稳定但是薪酬不高的工作与另一份高薪但风险大的工作，会让个体在权衡稳定性、薪资、发展空间、风险等因素时产生多重趋避冲突。

（2）心理冲突的表现特点及影响

1）心理冲突的常形。心理冲突的常形通常表现为在生活中总是左右为难、犹豫不决，这常是少年甚至童年就逐渐形成的人格障碍。其表现特点包括两个方面：一是这种冲突往往与现实处境直接相关，涉及大家公认的重要生活事件，因此很容易直接影响个体生活；二是它通常带有明显的道德性质，个体在冲突中往往将一方视为道德的，而另一方则是不道德的。

2）心理冲突的变形。心理冲突的变形通常表现为一种奇特的形式，这种变形通常由常形转变而来，如果不通过专业心理治疗工作者的分析，往往难以理解。其表现特点包括两个方面：一是心理冲突的变形与现实处境关系不大，或者只涉及一些微不足道的事情，但这些小事对个体来说可能具有重大的意义；二是心理冲突的变形往往不带明显的道德色彩，这使得它在外人看来可能难以理解或感到困惑。

10. 什么是心理障碍？

心理障碍是指由于某种原因致使心理功能不能正常发挥作用，从而影响到正常的生活、工作和学习的状态。在描述心理障碍时，应避免使用“疾病”“病患”“心理疾病”“变态心理”“病理心理”等可能引起误解的词语。

障碍不是一个精确的概念，它通常是指一系列在临床上可辨认的症状或行为，这些症状或行为在多数情况下伴有痛苦以及个体功能受干扰。社会偏离或冲突如果没有伴有个人功能紊乱，则不应被归类为心理障碍，要清晰区分正常反应、不良心态与心理障碍。

（1）心理障碍常见的分类及表现

1）适应性障碍。这类心理障碍主要是由于环境变化造成的心理和行为失调，通常表现为对工作、生活和学习的不适应，难以正常发挥自身能力，不能正常进行人际交往等。

2）焦虑性障碍。这类心理障碍表现为：不明原因地恐惧和紧张不安，常伴随心烦意乱、忧心忡忡；经常怨天尤人，对小事反应过度，遇到压力不知所措，注意力难以集中，难以完成工作任务；常伴有身体不适感，如出汗、口干、心悸、嗓子有堵塞感、失眠等。

3）抑郁性障碍。这类心理障碍主要表现为：情绪持续低落，悲观失望，自我评价降低，不愿与人交往，总以消极态度看待一切，自罪自责，内心体验多为不幸、苦闷、无助和绝望。

4）强迫性障碍。这类心理障碍主要表现为：做事反复思考，犹豫不决，明知不必要但仍无法停止，或反复进行某些行为，因而感到紧张、痛苦；强迫症状中常见的有强迫观念（如强迫回忆、强迫怀疑等）、强迫意向或冲动，以及强迫动作（如反复检查门锁等）；强迫症状在人群中较为常见，但只要不成为精神负担，不影响正常的工作和生活，就不应被诊断为强迫性障碍。

（2）心理障碍的表现特点及影响

1）不协调性。心理障碍的不协调性表现为心理活动与生理年龄的不相称性，或在反应方式上表现出与常人的差异性。例如，成年人表现出幼稚行为或反应方式。

2）社会功能受损。心理障碍对个体的社会功能影响较大，使个体难以按照社会标准完成某项或某几项社会功能。例如，社交恐惧者（也称社交焦虑者）因害怕与恐惧而无法进行正常的社交活动。

3）需要专业人员帮助解决。此状态者大部分不能通过自我调整或非专业人员的帮助从根本上解决问题，需要向专业的心理医师或专家寻求帮助。

11. 什么是消极心理?

情绪是人们对客观事物的主观态度体验。不同的客观事物特点及其与人的不同关系，使人们在情绪上表现出不同的态度和产生不同的体验。人的情绪可以分为积极情绪和消极情绪。虽然人们不可能永远处在积极情绪之中，但工作、生活中的挫折和烦恼确实可能引发消极情绪的产生。消极情绪主要包括忧愁、悲伤、愤怒、紧张、焦虑、痛苦、恐惧、憎恨等，它们的产生因人而异、因时而异、因事而异，产生的原因可能是工作、学习或生活中遭受了挫折，受到他人的挖苦或讽刺，莫名其妙的情绪低落等。消极心理的实质就是一种消极情绪反应。

（1）消极心理常见的分类及表现

1）愤世嫉俗型。有这一消极心理的个体认为人性丑恶，时常与人为敌，因此缺少朋友。

2）缺少目标型。有这一消极心理的个体往往缺乏动力，生活浑浑噩噩，犹如大海漂舟没有方向。

3）自律不足型。有这一消极心理的个体不晓自律，懒散不振，时常找借口逃避责任。

4）侥幸依赖型。有这一消极心理的个体常常空想发财，不愿付出，只求不劳而获。

5）固执己见型。有这一消极心理的个体不能容人，缺乏信誉，社会关系不佳。

6）自卑懦弱型。有这一消极心理的个体常常会自我压缩，不敢发挥自己的潜能和智慧。

7）金钱扭曲型。有这一消极心理的个体对金钱持有极端态度，或挥霍无度，或吝啬贪婪。

8）自大虚荣型。有这一消极心理的个体清高傲慢，喜欢操纵他人，嗜好权力游戏，不能与人分享。

9）虚伪奸诈型。有这一消极心理的个体往往不守信用，以欺骗他人为乐，以蒙蔽别人为爱好。

10）犹豫不决型。有这一消极心理的个体遇事往往过分谨慎，缺乏决断力，不敢当机立断。

11）恐惧挑战型。有这一消极心理的个体害怕失败和丢脸，不敢面对挑战，稍有挫折即退缩。

（2）消极心理的表现特点及影响

1）影响身体健康。消极心理状态可能引发身体疾病，长期的心理波动和紧张会引起五脏损伤和失调。有关医学研究指出，76% 的疾病是由消极心理引起的。心理若长期处在紧张、冲突、焦虑、抑郁等消极情绪状态，必然会产生生理上的应激反应，久而久之必然引发身体不适，身心健康俱受损害。

2）影响生活品质。长期处于消极心理状态下，个体会逐渐丧失对生活的热爱，对生活中的人、事、物一直持悲观态度，严重影响生活品质，降低生活幸福指数，甚至可能造成悲剧的发生。

3）影响事业成功。消极心理状态会阻碍事业发展。消极心理者往往难以有效完成自己的工作，从而进一步对心理状态产生负面影响，形成恶性循环，最终影响事业的成功。

12. 什么是个体心理？

个体心理是指个体在特定的社会组织中表现出的心理现象和行为规律。个体所具备的心理现象，概括起来可以分成认知，情绪、情感与动机，能力与人格三个方面。

（1）认知

认知是指个体获得知识或应用知识的过程，即信息加工的过程。人们习惯上将认知与情感、意志相对应，这是人最基本的心理活动过程，包括感觉、知觉、记忆、想象、思维和语言等多个方面。人脑接受外界输入的信息，经过一系列的加工处理，转换成内在的心理活动，进而指导人的行为，这个过程就是认知过程。

例如，人通过感觉与知觉获得并运用知识。感觉是对事物个别属性和特性的直接认识，如感觉到颜色、声音、味道等；而知觉则是对事物整体及其关系的认识，它建立在感觉的基础上，并受到人的知识经验的影响。

（2）情绪、情感与动机

情绪是个体对客观事物是否符合自身需要的态度体验，是对外界刺激所产生的心理反应和生理反应，如喜、怒、哀、乐等。情绪与个体的主观体验和感受紧密相关，常受到心情、气质、性格、性情等因素的影响。

情感则更倾向于个体社会需求欲望上的态度体验，包括道德感和价值感等方面，具体表现为爱情、幸福、仇恨、厌恶、美感等。真挚的情感来源于对人和事物真切而深刻的理解。情感会对认知产生巨大影响，成为调节和控制认知活动的一种重要的内在因素。

动机在心理学上一般被视为行为的起始、导向、力量和持续性的重要影响因素，是推动个体从事某种活动的内在念头或愿望。动机的根源在于人的各种需求，即个体在心理和生理上的某种不平衡状态。动机有强度和性质的区别。因动机不同，个体对现实的态度以及相应的行为模式也会有所差异。

（3）能力与人格

个体在执行各类活动中表现出的能力有所不同。能力，即指成功完成某一活动所必需的内在条件。能力直接影响活动效率，是活动得以顺利进行的个性心理特征。能力总是与特定活动紧密相连，脱离了具体活动，人的能力既无法表现，也无法发展。

人格是一种具有自我意识和自我调控能力的主体，涵盖了感觉、情感、意志等多种机能。人格不能脱离人的肉体和所处的物质生活条件而独立存在。人格主要体现为人与人之间独特而稳定的思维方式和行为风格，深深植根于人类精神文化之中。

13. 什么是群体心理?

群体心理是群体成员在相互作用和相互影响下形成的心理活动。所有复杂的管理活动都离不开群体的参与，没有群体成员的协同合作，组织的目标就难以实现。群体心理的显著特征表现为共有性、界限性和动态性。

群体成员作为社会的组成部分，彼此之间必然产生一定的联系，进行社会交往，从而产生交往心理。交往心理既存在于个体与个体之间，也存在于不同群体之间，因此群体心理包括交往心理、小群体心理、大众心理三种不同类型。

在不同的群体中会产生不同的群体心理，例如，家庭心理、工作群体心理、集体心理、阶级心理、民族心理等，这些不同的群体心理各自呈现出不同特点，以下以职业领域常用的工作群体心理和集体心理为例进行说明。

（1）工作群体心理

工作群体心理的目的是生产和协作，因此形成了一些不同于其他群体的心理特点。

1）工作群体心理是以群体目标为导向的，而非情感联系，每个成员的个人目标和群体目标是基本一致的。没有群体目标，就不可能组成工作群体。在工作群体心理中，人际关系虽然不是核心，但它对工作目标的实现有着重要影响，良好的人际关系能够提高工作效率，而紧张的人际关系则可能导致成员协作失调，降低工作效率，从而干扰目标的实现。

2）工作群体心理的等级体系和权力不是自然形成的，通常是由组织规定的，能力强、威信高的人更容易被任命为群体领导者。但这种体系和权力是可以变化的，相较于家庭心理的固定性，它更具有灵活性。

3）个体加入工作群体通常是基于自愿原则，并不是强制规定。如果个体在工作群体中感到人际关系良好、工作富有挑战性以及个人需求能得到满足，便可能继续留在这个群体；反之，则可能脱离这个群体，转而加入其他更符合自身需求的群体。总之，工作群体对个体的吸引力通常小于家庭，归属感也不如家庭强烈。个体之所以加入工作群体，主要是为了满足物质利益需要。

4）工作群体心理上的互动主要发生在工作和生产层面，较少涉及内心世界的深入交流。因此，这种互动相对浅薄，相互了解往往是不全面的。总之，工作群体心理的互动由于缺乏情感投入，所以只能是表面性的。

（2）集体心理

集体心理是由符合社会利益而又具有个体意义的共同活动紧密联系起来的。集体是群体发展的最高层次，具有其独特特征。

1）集体成员之间的关系建立在平等基础之上，是摆脱了剥削和压迫的关系。

2）集体心理以实现社会所共同认可的目标为核心。它通过具有普遍社会意义的共同目标把人们紧密联系在一起，这也是集体心理与其他类型群体心理的主要区别。

3）集体心理通过共同活动的过程直接把个体联系在一起，个体之间的联系是以具有个体意义和社会价值的共同活动内容为中介的。

4）集体心理具有完整性，即集体是一个共同活动的系统，拥有自己的组织、职能和分工，以及相应的领导和管理机构。

5）集体心理能保证个体精神需求的满足和促进个体才能的全面发展。在集体心理中，最直接的表现是认为个体发展与集体发展相辅相成。

14. 个体心理与群体心理的关系是什么?

个体不仅仅展现其自然的一面，也展现出其心理的一面，即所谓的个体心理。它包括了个体身上所表现出的所有心理现象和特点。同样，一个群体也有其自然属性（如群体规模等）和心理属性。群体的诸多特点，是通过群体共同或主导的心理倾向表现出来的，如凝聚力、心理气氛、士气、态度倾向等。

个体心理的实质，是大脑对客观世界的主观判断；而群体心理则是普遍存在于其个体成员的头脑中，反映了群体社会状况的共同或不同心理状态与倾向。由于群体成员间相互影响的存在，这种状态与倾向已不仅仅是个体特征，而是体现出群体的特点。

群体心理与个体心理是密切联系的。没有个体心理作为基础，群体心理便无从谈起。并且，个体作为群体的成员，其心理状况必定会受到群体心理倾向的感染与影响。例如，当个体心情不佳时，欢乐的群体心理氛围可能会感染他，使他忘记烦恼；反之，如果群体中存在不良心理氛围，如不信任、猜忌，这些氛围最终会影响到个体，成为个体心理特点的一部分。

总之，个体心理既受到群体心理的影响，也受到社会环境和文化传统的制约和塑造，而群体心理可以通过集体经验的传递和共享，反过来进一步影响个体的行为和思维方式。此外，群体心理还能够促进个体的社会化进程，增强个体的社会认同感和归属感。

15. 什么是个性倾向?

个性倾向是个体心理结构中最活跃的因素，是个体心理活动的动力系统，而其中的世界观处于最高层次。一个人的心理倾向和其他心理因素无一不受世界观的调节和制约，决定着一个人的总体思想倾向，起到统帅作用。个性倾向主要包括需要、动机、价值观等方面。

（1）需要

需要是个体感到某种缺乏而力求获得满足的心理倾向，它是个体对自身和外部生活条件的要求在头脑中的反映。

美国心理学家亚伯拉罕·马斯洛提出了著名的马斯洛需求

层次理论，他认为人的需求由高到低分为五个等级，分别是生理的需要、安全的需要、归属和爱的需要、尊重的需要以及自我实现的需要。这些需要都是最基本的、与生俱来的，它们构成不同的等级或水平，并成为激励和指引个体行为的力量。马斯洛认为，需要层次越低，需求越强烈，潜力越大。随着需要层次的上升，需求度相应减弱。在高级需要出现之前，必须先满足低级需要。

（2）动机

动机是推动个体从事某种活动并朝一定方向前进的内部动力。动机是个体的内在过程，而行为则是这种内在过程的表现。

根据不同角度，动机可以按如下方法进行分类。

1）根据动机的性质不同，可将其分为生理性动机和社会性动机。生理性动机包括饥饿、口渴、性爱、睡眠等，社会性动机主要有兴趣、成就、权力、交往等。

2）根据学习在动机形成和发展中的作用不同，动机可以分为原始动机和习得动机。

3）根据动机的意识水平不同，可将其分为有意识动机和无意识动机。

4）根据动机的来源不同，可将其分为外在动机和内在动机。

（3）价值观

价值观是个体或社会群体用来评价行为、事物以及选择目标的准则。它反映了个体对事物的评价和态度，是世界观的核心部分，也是驱使个体行为的内部动力。

价值观具有相对的稳定性和持久性。在特定情境下，个体的价值观往往保持相对稳定。例如，对某一事物的评价，在条件不变的情况下通常不会发生改变，但随着个体的经济地位、人生观和世界观的改变，价值观也会发生相应变化。因此，可以说价值观既具有稳定性，又处于发展变化之中。

个体的价值观是在家庭和社会环境的影响下，随着时间的推移逐步形成的。社会生产方式及个体的经济地位对价值观的形成具有决定性的影响。此外，报刊、电视和广播等媒体宣传的观点以及父母、教师、朋友和公众人物等的言行，也会对个体的价值观产生不可忽视的影响。这些因素共同作用于个体，塑造着其独特的价值观体系。

16. 认识过程与安全生产的关系是什么?

心理学将认知过程定义为：个体将外部客观的刺激信息转换为内部主观的神经信号的过程。更通俗地讲，个体通过接触、认识、了解某一事物，并基于此产生一系列思考的过程。

认知并非一种简单的传送过程，而是将原物体进行分解并从一个空间送达另一个空间后再进行还原，主要的步骤是信息的转化。将客观信息转化为主观信息的过程也受到多种生理和心理因素的干扰，因此，面对同一个事物，不同个体的认知结果可能并不相同，同一个体在不同时间的认知结果也有可能会发生转变。认知被视为最基本的心理活动，是主观与客观相连接的桥梁。

认知过程与职工安全生产存在紧密联系。在生产过程中，职工会经历多个认知环节。在安全生产领域，职工需要对单位组织的各类安全生产规章制度、生产设备设施、劳动防护用品、生产过程中的风险等多个要素进行认知，并在认知的基础上形成态度和判断，进而指导生产行为。实际生产中，许多生产安全事故的起因都与认知错误有关，如安全生产意识淡薄、未能充分识别生产过程中的风险等。错误或不完全的安全生产认知极有可能导致不安全行为的出现，从而引发人身伤害事故。因此，提高职工的认知水平，对于预防生产安全事故具有重要意义。

17. 情感过程与安全生产的关系是什么？

情感过程是指个体在面对客观事物时所采取的态度及其体验过程，涵盖了情绪的产生、体验、表达和调节等多个环节。当个体经历不同的情境和事件时，会产生相应的情绪和情感体验，这些体验具有一定的连续性和变化性。正常情况下，当个体在认识客观事物时，不是冷漠无情、无动于衷的，而是带有某种倾向性，表现出鲜明的态度体验，并充满感情色彩。因此，情感过程是心理过程中的重要组成部分，也是人与动物相区别的重要标志之一。

在生产过程中，职工的情感过程与安全生产密切相关，主要表现为以下四个方面。

（1）情感过程与警觉性

职工的情绪状态可以影响他们的警觉性和专注度。例如，焦虑、愤怒或沮丧等负面情绪可能导致职工注意力不集中，降低职工对潜在安全风险的警觉性，从而增加生产安全事故发生的可能性。

（2）情感过程与判断能力

情感过程影响着职工的决策能力和行为反应。积极的情感状态有助于职工更理性、准确地评估风险并作出正确决策，更严格地遵守安全操作规程；反之，消极的情感过程可能导致职工对安全生产信息作出错误判断，采取不正当的应对态度，从而导致不安全行为和生产安全事故的发生。

（3）情感过程与合作沟通

情感过程也涉及团队合作沟通。积极的情感氛围可以促进职工之间的合作沟通，增强团队凝聚力，促使职工共同维护安全生产标准；而负面情绪可能导致沟通障碍，影响团队合作，增加发生生产安全事故的风险。

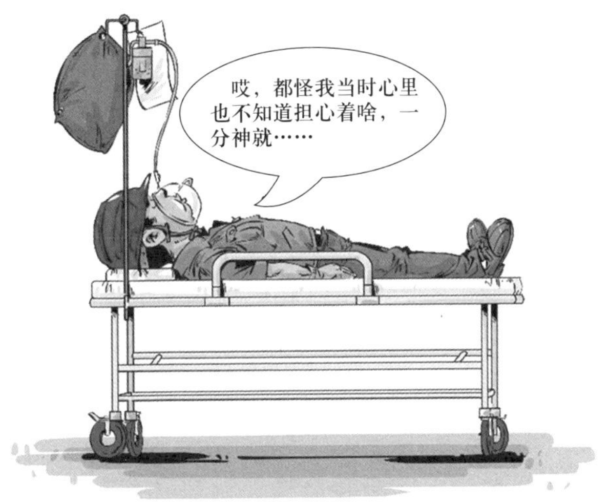

（4）情感过程与压力管理

在生产环境中，压力常常存在。有效的情感支持和压力应对方法对于维护职工的心理健康和安全生产至关重要。良好的情感支持体系有助于职工更好地管理压力，减少疲惫、焦虑等负面情绪的影响，从而促使职工严格执行安全操作规程，提高工作效率。

18. 意志过程与安全生产的关系是什么？

意志过程是指人们在社会实践中，为达到既定目的而采取的自觉行动过程，包括自觉地确定行动目的，有意识地支配和调节自身行动以达到预定目的的心理现象。意志过程既受情感的影响，也是认识过程进一步发展的结果，对人们的社会实践具有积极的促进作用。

意志力是指个体对自己行为的控制能力。在安全生产方面，这体现在职工能够克制冲动、控制危险行为或决策，并在关键时刻保持冷静和理智。例如，驾驶叉车时遵守安全操作规程、避免危险行为，或在工作场所遵守安全生产规章和规定，这些都需要强大的自我控制能力。在工作场所，职工的意志力直接影响着安全生产标准的遵守和执行。意志力强的职工更倾向于遵守安全操作规程、正确使用工具和设备，从而大大降低生产安全事故发生的风险。此外，他们也更可能对他人的安全负责，积极提醒和帮助同事遵循安全生产规程。

意志力还涉及个体的自我调节能力，包括面对挑战时的情绪调控能力和压力应对能力，这对于保持工作环境的安全至关重要。在紧急情况下，能够保持冷静、不受恐慌情绪影响，有助于更有效地应对风险，采取正确的行动。

19. 注意过程与安全生产的关系是什么？

注意过程不是一种独立的心理过程，而是一种心理状态，是心理活动或意识对特定对象的指向和集中，这种心理状态具有两个显著特性。

（1）指向性

指向性是指在每一瞬间，个体的心理活动或意识会选择某个特定对象，而对其他对象则相对忽略。被选择的对象成为注意的中心，而其他被忽略的对象则成为背景。这种指向性与个体的知识、经验等密切相关。

（2）集中性

集中性是指心理活动或意识在特定对象上的活动强度或紧张度，表现了个体在意识活动中排除无关信息，使思维更加专注于某个对象的特性。

指向性和集中性是同一注意状态下两个相辅相成的方面，共同构成了注意的心理机制。注意过程是伴随着其他心理过程产生的，它是各种心理过程的共同属性，同时任何心理活动的进行都离不开注意过程的参与。

在工作场所，保持注意力集中对于安全生产至关重要。专注于任务执行有助于避免疏忽大意和失误，从而大大减少生产安全事故发生的可能性。特别是在需要操作机器设备或处理危险材料时，高度集中的注意力可以防止操作失误，保障个人和他人的安全。此外，良好的注意力还能使人们更加敏锐地感知周围环境中的潜在危险，从而及时采取预防措施。当注意力分散时，人们往往更容易忽视周围的危险信号。例如，在使用手机或其他设备时，人们的注意力通常集中于屏幕而非周围环境，这增加了发生意外事故的风险。同时，分散的注意力也可能导致人们忽视安全生产程序或规定，进一步增加了生产安全事故发生的可能性。

20. 什么是人体生物节律?

生物节律是自然进化赋予生命的基本特征之一，人类和一切生物都受到生物节律的控制与影响。人体生物节律主要包括体力节律、情绪节律和智力节律。从出生之日起直至生命终结，每个人都会经历体力、情绪、智力的周期性波动，这被称为人体生物节律。每一个周期中又存在着高潮期、低潮期和临界期。由于生物节律具有准确的时间性，因此也被形象地称为人体生物钟。例如，在日常工作、生活中，有人会感受到自己的体力、情绪或智力都存在着周期性的起伏变化，由强至弱、再由弱至强。这种现象产生的原因是生物体内存在着生物钟，它自动调节和控制着生物体的行为和活动。

人体生物节律是按照各自特定的“时间表”来进行各种生物活动的，不同个体的人体生物节律周期长短可能也不相同，其表现形式也存在着一定差异。例如，人的呼吸、心搏及大脑皮层的兴奋程度或抑制程度，都遵循着各自的活动周期，其发展波形也呈现出一定的规律，在正常情况下会按照各自的周期循环进行。有学者认为，在人体的脑干中存在一个管理时间的“神经核”，它主要扮演生物钟的角色，确保人体的物理变化和化学变化都按照一定规律进行，并呈现出一张一弛、动静结合的生命活动规律。但由于人体生物节律的发展周期是人体生命活动的重要组成部分，一旦受到外界因素的强行干扰和破坏，就可能导致某些机体功能出现混乱，甚至发生病态现象。因此，有效控制人体生物节律，对于促进人体健康发展以及保障人体活动的安全管理有着重要意义。

21．哪些心理容易导致人为失误?

容易导致人为失误的心理主要有以下六种。

（1）侥幸心理

侥幸心理是许多违章人员在行动前的一种典型心态，他们倾向于将事故的偶然性绝对化，认为事故发生概率极低。他们并非不懂安全操作规程，也不是缺乏安全生产知识或技术水平低下，而是明知故犯，错误地认为违章操作不一定出事、出事不一定伤人、伤人不一定伤己。

（2）惰性心理

惰性心理也称为节能心理，表现为在作业中尽量减少能量支出，能省力便省力，能将就凑合就将就凑合。这种心理状态往往导致有些人在工作中干活图省事、嫌麻烦，为了节省时间得过且过，从而忽略了安全操作规程和安全生产细节。

（3）逆反心理

逆反心理是一种无视社会规范或管理制度的对抗性心理状态，一般在行为上表现为“你让我这样，我偏要那样；越不许干，我越要干”等特征。这种心理可能导致有些人当面顶撞上级，不但不改正错误，反而发脾气，继续违章操作；

或者表面上接受上级指令，但内心反抗，表现为阳奉阴违或口是心非。

（4）凑兴心理

凑兴心理是个体在社会群体中产生的一种人际关系的心理反映。个体为了获得心理上的满足和温暖，往往喜欢凑热闹、寻开心，但可能会忘乎所以。然而，过度的玩笑可能伤害到群体成员之间的感情，产生误会和矛盾。

（5）逞能心理

逞能心理表现为争强好胜，积极表现自己，但有时能力不强却自信心过强，不思后果地蛮干，冒险作业；长时间做相同的、冒险的事情，没有任何防护措施，最终导致生产安全事故发生。

（6）从众心理

从众心理是指个体在群体中受到实际存在或想象到的社会压力与群体压力的影响，从而在知觉、判断、信念以及行为上与群体中大多数人保持一致的现象。这种心理可能导致个体不自觉地跟随群体违章操作，有时甚至是被迫从众，表面上跟着走但内心其实反感。

22. 为何心理健康在职业中如此重要？

心理健康在职业中占有至关重要的地位，因为它直接影响着个体或群体在工作中的表现以及整体工作、生活质量。

（1）工作绩效和生产力

心理健康对工作绩效有着直接而显著的影响。心理健康状况良好的人更能保持高度专注力，从而产出高质量的工作成果，并在面对挑战时更有韧性。反之，心理健康问题（如焦虑、抑郁）可能导致工作效率下降、决策迟缓以及创造力缺乏，从而降低整体工作绩效。

（2）团队合作和人际关系

心理健康在团队合作和人际关系中扮演着重要角色。心理良好健康状态的人更容易建立积极的人际关系，更愿意参与团队合作、分享经验并共同解决问题。这有助于构建更强大、更和谐的团队，并推动团队朝着共同目标努力。

（3）创新和适应性

良好的心理健康状态有助于提高个体的创造力和解决问题的能力。心理健康状态良好的人更能从新的角度思考问题并提出创新方案，在变化的工作环境中作出积极而灵活的反应。这对于在激烈的市场竞争中脱颖而出、取得成功至关重要。

（4）工作满意度和幸福感

心理健康与个人的工作满意度和幸福感密切相关。心理健康状态良好的人更有可能获得满足感和成就感，更能够从工作中获得乐趣；反之，心理健康问题可能使人工作压力增加、对工作失去兴趣，最终影响到整体工作质量。

（5）健康与工作平衡

心理健康有助于个体更好地平衡工作与生活。心理健康状态良好的人更有能力应对工作压力，更能合理安排工作和休息时间，避免身心疲惫和过度劳累，从而有效预防工作引起的身心疾病。

相关链接

为防止生产安全事故的发生，用人单位在招聘、选用职工时应根据岗位特点对其认知灵活性、情绪稳定性及个性因素进行深入评估。此外，用人单位应定期对某些特殊岗位职工的身体、心理状况和行为习惯进行监测，如公交车司机、长途货车司机、高铁及飞机驾驶员等要定期开展心理健康状况评估等。

用人单位要为生活压力较大、情绪不稳、个性偏激、认知偏差、行为偏狭或已经有明显心理问题的职工提供心理疏导、心理援助等服务，必要时安排其转岗换位、暂时停职或接受专业诊治。

维护职工的心理健康是一项系统工程，不能仅依赖于偶尔举办讲座、简单发放科普材料，还应从维护自身健康、家庭幸福的角度出发，重视职工的心理健康。同时，单位负责人也应从维护职工健康权益、确保安全生产的维度予以高度重视，做到领导负责、制度保障、预算保障，将心理健康与思想政治工作有机结合起来。

二、职业群体的心理健康

23. 什么是职业心理健康？

提到职业心理健康，不得不提与其紧密相连的一个心理学分支学科——职业健康心理学（occupational health psychology，OHP）。

职业健康心理学是一门运用心理学理论原则和研究方法，探讨如何创建安全健康的职业环境，以及提升职工工作品质的综合性学科。职业健康心理学的出现有助于解决长期困扰用人单位的职业病与工作安全问题，为促进职工的健康成长和用人单位的良好发展做出了积极贡献。

在恩格斯所著的《英国工人阶级状况》和我国著名社会学家费孝通所著的《江村经济：中国农民的生活》两本书中，都提到了劳动对劳动者身心健康的影响。第二次世界大战结束后，北欧一些国家和美国出现了大量从心理学角度出发，对职工健康与工作关系进行实例研究的文献。这些研究主张应通过创造安全、健康的工作环境，来预防社会心理风险因素所造成的疾病或伤残，进而发展、维护和促进职工及其亲属的健康。

职业健康心理学的研究与应用旨在提升职工的生活品质，维护和增进职工安全、健康和幸福。职业健康心理学的研究目标为关注职场中潜在的、可能对职工造成伤害或导致疾病的压力源和危险因素，以保持工作场所中职工生理和心理的平衡，有效排除潜在危险因素。职业健康心理学研究焦点包括工作压力、工作场所暴力、工作倦怠、工作-家庭关系以及个体-组织-环境关系。

职业心理是指职工在职业活动中所表现出的认知、情感、意志等相对稳定的心理倾向或个性特征。职业心理的内涵丰富，主要包括以下四种。

（1）职业活动伴随着共同的心理过程

职工在职业活动中要经历选择职业、谋求职业、获得职业或者失业、再就业的过程，在这一过程中都会伴随着认知、情感、意志等共同的心理过程。

（2）职业活动反映出个性的差异

不同个性特征的人适合不同的社会职业，在选择职业时又会有独特的心理特征，在认知、情感、意志等方面表现出不同的特点。

（3）不同职业阶段有不同的职业心理

职业心理因职业活动的不同阶段而异。依据职业活动的过程，职业心理可分为择业心理、求职心理、就业心理、失业心理、再就业心理等，这些不同职业心理对职业选择和职业发展产生不同影响。

（4）职业心理的特点影响着职工生活

择业、求职、就业、失业、再就业等不同阶段的心理特点，时刻影响着职工及其亲属的生活态度、生活方式和价值取向。

综上所述，职业心理健康要求职工在个人职业活动中不断适应工作环境，对心理状况进行调节，以积极健康的状态面对工作，进而实现身心健康和工作高效的双重目标。

24. 职业心理健康的标准是什么？

职业心理健康的标准与普通心理健康的标准在本质上是相似的，但职业心理健康更侧重于职工在工作中因各项与工作相关的因素而表现出的心理状态。以下是职业心理健康的具体标准。

（1）智力正常，具备基本的工作智力水平

智力正常是职工正常工作、生活的心理基础，是职业心理健康的重要标志。智力包括观察力、注意力、记忆力、想象力、思维力、创造力及实践活动能力等，是胜任工作的基础。

（2）情绪稳定，善于调节和表达

情绪稳定是职业心理健康的重要体现。职工应保持愉快情绪，乐观开朗，对工作、生活充满希望。同时，他们还应善于控制与调节自己的情绪，既能在不同的时间和场合有恰如其分的情绪表达，又能合理控制情绪，避免情绪影响工作、生活。

（3）意志坚定，具备决策与执行能力

意志坚定者在行动的自觉性、果断性、顽强性和自制力等方面都表现出较高水平。在工作中，职工应有自己独特的想法和见解，有坚持完成一项工作的决心，并为之付出不懈努力。

（4）人格完整，协调一致

人格完整是职业心理健康的关键要素。职工应具备健全统一的人格，所想、所说、所做都是协调一致的。他们应具有正确的自我意识，以积极进取的态度面对生活和工作，同时能够妥善处理与他人的关系，展现出适中的思考方式和灵活的态度。

（5）自我评价客观，自我认知准确

客观的自我评价是职业心理健康的重要条件。自我观察、自我认定、自我判断和自我评价有助于职工准确认识自己，从而在工作中找到自己合适的定位。他们既不以自己在某些方面高于别人而自傲，也不以某些方面低于别人而自卑，能够根据自己的实际情况确定切实可行的工作目标和生活规划。

（6）人际关系和谐，善于沟通与合作

良好而深厚的人际关系是职业心理健康的重要组成部分。职工应乐于与人交往，建立广泛而深厚的人际关系网络，并能在交往中保持独立而完整的人格。他们应善于倾听和理解他人，积极沟通与合作，以共同推进工作的进展。

（7）适应能力强，能够应对变化

职业心理健康的职工应具备良好的适应能力，能够迅速适应工作环境中的变化和挑战。他们能够客观观察环境，以有效的办法应对环境中的各种困难，能根据环境变化寻求机会和发展。对于职工来说，具备一定的职业适应能力是确保顺利完成工作的关键。

25. 职业心理健康涵盖哪些方面?

职业心理一般包括入职前、入职中、入职后三个阶段，涵盖职业兴趣、职业胜任力、职业人格、职业价值观、职业适应、职业认同、职业压力、职业倦怠、职业自我效能感、职业幸福感等多个方面。

（1）职业兴趣

职业兴趣具有持久稳定性，是个体对某种职业活动或工作领域的喜爱或偏好，是个体选择职业的重要参考因素。

（2）职业胜任力

职业胜任力是指职工根据自己的职业选择和规划，为了胜任某种职业或工作岗位，促使自我最大限度地具备职业或工作岗位所需的知识、技能、态度和价值观等，并在此基础上完成组织的各种绩效要求，最终达到人、职业和组织三者匹配的水平。

（3）职业人格

职业人格是指职工在从事特定职业时，所表现出来的稳定的心理特征和行为模式，它受到职业性质、工作环境以及自身素质等多方面的影响。

（4）职业价值观

职业价值观是指职工对职业意义、职业选择、职业目标以及职业行为等方面的评价和看法，是价值观体系中一个极为重要的组成部分。职业价值观是职工对待职业的一种信念和态度，也是其在职业生涯中表现出来的一种价值取向。

（5）职业适应

职业适应是指职工运用自身知识、态度和能力在参与社会生产与服务过程中，体验环境变化，感受环境压力，对自身的角色、能力、态度、价值观、人际关系等进行评估并不断作出调整的过程。

（6）职业认同

职业认同是指职工对其所从事职业的肯定性评价和接受程度。职业认同与职工的职业决策、职业探索和职业成功等都有着密切联系，也关系一个人在当前复杂的职业环境中的适应性。

（7）职业压力

职业压力也称为工作压力，是当职工感到工作要求超出其内外部应对资源时，所产生的生理和心理上的适应性反应。它体现了个体与工作之间复杂的交互作用，这种作用往往会引起个体生理、心理和行为层面上的变化。

（8）职业倦怠

职业倦怠又称为工作倦怠，是由美国心理学家弗洛登伯格于 1974 年提出的一种概念，主要描述助人行业中个体出现的情绪耗竭现象。1981 年，马斯拉奇等进一步编制了工作倦怠量表（MBI），从情绪衰竭、去人格化、个人成就感低三个维度全面定义职业倦怠。

1）情绪衰竭表现为缺乏工作活力与热情，个体感情和情绪处于极度疲劳状态，是职业倦怠的核心维度，并具有最明显的症状表现。

2）去人格化是指个体在工作过程中刻意与工作对象保持距离，表现出冷漠、忽视的态度，对工作敷衍了事，个体发展停滞，甚至行为怪癖等。

3）个人成就感低是指个体倾向于消极地评价自己，并伴有工作能力体验和成就体验的下降，认为工作不仅无法发挥自身才能，反而成为枯燥无味的、烦琐的事情。

（9）职业自我效能感

职业自我效能感是指职工在从事与职业有关的活动中，基于对自身能力和外部信息的认知加工，逐步形成的对完成职业任务的信心与期望。这个过程涉及职工对自身职业能力的评估以及对职业自我效能感的判断。

（10）职业幸福感

职业幸福感是指职工对自身职业活动各个方面的积极评价，包括情感、动机、行为、认知和身心幸福等多个方面，是职工在从事职业活动中的幸福体验。

26. 职业心理健康问题有哪些表现？

在现代社会的职业环境下，职业心理健康问题日益受到广泛关注。工作环境的不断变化和竞争激烈，使许多人正面临着各种职业心理健康问题，这些问题的表现形式多种多样，包括但不限于以下六个方面。

（1）情绪障碍

1）过度的情绪异常，如情绪高涨、焦虑、易怒等，以及过度消极的情绪反应，如情绪低落、情绪衰退、情感淡漠、情感脆弱等。

2）情绪认知失调，如情感倒错、情绪矛盾、情绪表现倒错等。

（2）自我认知障碍

1）自卑感强烈，缺乏自信，对自己轻视，失去工作信心。

2）自负心理，过高估计自己的能力和成就，但与现实不符，可能会导致失败。

3）盲目跟风，缺乏自我认知和思考，盲目模仿他人，浪费时间和精力。

4）懒惰消极，缺乏进取心态，对工作和生活缺少激情。

5）自我为中心主义，在工作中过于以自我为中心，忽视他人需求和团队利益。

（3）行为适应障碍

1）失眠症状，由于工作原因导致睡眠不足、睡眠质量差等不愉快体验。

2）成瘾行为，无法控制滥用某种物品或过度参与某一活动，造成不良后果。

3）冲动行为，因工作压力而采取盲目、冲动且不理智的行为。

4）强迫行为，表现为反复无意义但无法克制的观念或行为。

（4）人际关系障碍

1）人际相处障碍，难以与他人建立和谐、稳定的人际关系，可能引发负面情绪和导致社交障碍。

2）沟通障碍，无法与他人进行有效交流和沟通，影响工作效率和团队合作。

（5）职业倦怠

职业倦怠是一种在工作场所中常见的心理状态，其表现形式多样。

1）缺乏动力。职业倦怠的主要表现之一是对工作失去兴趣和动力，对工作感到乏味，难以找到激发动力的源泉。

2）工作效能下降。职业倦怠可能导致工作质量下降，错误率上升，工作效率降低，并且缺乏创造力和创新力。

3）决策迟缓或困难。职业倦怠可能影响决策能力，在面临重要的工作决策时犹豫不决，思维变得迟缓或混乱。

4）逃避工作。职业倦怠的个体可能会采取各种方式逃避工作，如频繁请假、早退或拖延工作任务等。

5）消极工作态度。职业倦怠可能导致对工作持有消极态度，怀疑职业生涯的价值，质疑组织的目标和价值观。

（6）职业压力

个体在工作中感受到较大的职业压力时，其心理、生理和行为层面均会出现一系列不同寻常的表现。

1）心理层面。职业压力可能导致个体出现沮丧、不满、易怒、抑郁、紧张、焦虑等情绪问题，同时可能出现反应迟缓、感觉错位、厌倦、烦躁、压抑、心理疲惫等不良心理状态，以及注意力无法集中等表现。

2）生理层面。职业压力可能引发头痛、疲劳、消化系统问题（如溃疡、消化不良、便秘等）、失眠等生理症状，长期职业压力还可能导致心血管疾病、身体损伤、身体机能失调等更严重的健康问题。

3）行为层面。职业压力可能导致个体出现饮食异常（如过度进食或厌食）、抽烟喝酒等成瘾行为增加、工作缺勤、行为慌张、出现攻击行为等多种问题，同时导致人际关系紧张，甚至出现自杀念头或行为。

27. 职业心理健康问题的主要产生原因是什么?

职业心理健康问题的产生原因相当复杂，通常是由多种因素交织作用的结果。这些因素可以从不同层面和方向对个体心理健康产生影响，主要包括以下五个方面。

（1）职业发展压力

工作中的职业发展压力可能对心理健康产生显著的负面影响。这种压力的来源包括职称或职务晋升困难、竞争激烈的行业环境、工作的不稳定性以及职业前景的不确定性等。

（2）工作满意度不足

当个体对工作的满意度不足时，可能会导致心理健康问题。如果个体对其工作感到不满意或者认为其工作成果不被认可，可能会出现抑郁、焦虑等负面情绪问题。

（3）工作与家庭冲突

工作和家庭之间的冲突是心理压力的重要来源之一，对个体的心理健康产生消极影响，努力平衡工作和家庭责任可能会导致个体疲劳和有压力感。

（4）职业身份认同

个体的职业身份认同对心理健康至关重要。如果个体不能与其职业身份建立积极的联系，就会感到失落和不满，进而影响其心理健康。

（5）行业变革和技术进步

行业变革和技术进步可能带来工作内容和要求的变化，这可能对个体心理健康构成新的挑战。适应这些变化可能需要个体具备更高的压力应对能力和学习新技能能力。

28. 影响职业心理健康的主要因素有哪些?

影响从业人员职业心理健康的主要因素可以归结为工作环境、组织因素以及个人特质三个关键方面，它们相互影响、相互作用，共同构建了一个人在职业生涯中的心理状态和幸福感。工作环境包括工作任务、工作压力和工作条件等多个层面，组织因素包括管理制度、文化氛围和人际关系等关键要素，个人特质包括情感稳定性、应对能力等方面。

（1）工作环境

社会整体环境和行业特定环境都会对从业人员的职业心理健康产生重要影响。社会环境的变迁和经济发展水平的提高，既带来了机遇，也带来了日益加剧的竞争和工作压力。行业内的环境，包括工作条件的舒适度、工作场所的安全性、职业性有害因素的防控以及工作时间安排等，直接影响到从业人员的生理和心理健康。

（2）组织因素

组织因素主要包括用人单位的管理制度、任务分配机制、工作性质、文化氛围、人际关系等。用人单位的文化氛围和人际关系对从业人员的心理健康至关重要。如果用人单位存在分配不公平、缺乏情感支持、极度竞争氛围等不良文化，都可能导致从业人员感到不满、焦虑和压力感甚至产生职业倦怠。

（3）个人特质

个人特质在职业心理健康中扮演重要角色。个人的性格、情感稳定性、自我认知度、职业技能水平、社交支持系统和身体健康状况等都会影响从业人员对工作压力的应对方式和心理调适能力。具有健康的生活方式和积极的心理适应能力有助于维持心理健康。

29. 煤矿工人的心理健康状况和衡量标准是什么？

煤矿工人的心理健康状况一直备受社会关注，根据多项研究和分析，可以得出以下重要观点：煤矿工人普遍面临心理健康问题，一项使用症状自评量表（SCL-90）对煤矿工人进行的调查分析结果显示，煤矿工人普遍有较多的主观身体不适感，偏执因子分偏高，情绪方面常表现出忧郁、苦闷的倾向，且在人际交往中存在较强烈的自卑感，缺乏生活热情。一项针对煤矿工人的心理健康调查发现，工作紧张感程度较高的煤矿工人年龄主要集中在 26 ~ 37 岁，而生活压力感程度较高的煤矿工人则主要集中在 33 ~ 42 岁，特别是 35 ~ 45 岁的煤矿工人面临较大的心理健康风险。

为了改善煤矿工人的心理健康状况，一些煤矿企业已经开始积极实施员工援助计划，通过广播、电视、宣传栏等多种渠道，加大对员工援助计划的宣传力度，并开展了一系列重要举措，这些举措包括开展心理辅导、心理咨询进班组活动以及对煤矿工人家属辅导等，旨在全方位提高煤矿工人的心理健康水平。

针对煤矿工人的心理健康问题，可以通过以下标准衡量。

1）情绪状态。这一项标准主要用来评估煤矿工人是否经常出现抑郁、焦虑、悲观等消极情绪，持续的消极情绪状态是心理健康问题的明显信号。

2）应对压力的能力。这一项标准主要用来评估煤矿工人是否能有效应对矿上作业和生活中的压力，高压力水平和应对压力能力低下可能是心理健康问题的迹象。

3）睡眠质量和模式。这一项标准主要用来检查煤矿工人睡眠质量和模式，如是否难以入睡、频繁醒来或过度睡眠等，睡眠问题通常与心理健康问题密切相关。

4）社交和人际关系。这一项标准主要用来评估煤矿工人的社交活动频率和人际关系质量，社交隔离或人际关系紧张可能反映出煤矿工人的心理健康存在问题。

5）认知功能。这一项标准主要用来关注煤矿工人的注意力、记忆力、判断力和决策能力，其变化也是心理健康问题的重要评价指标。

通常采用心理评估、问卷调查、面谈或其他心理健康评估工具对上述标准进行衡量，应注重结合个体的具体情况，如工作环境、生活条件和个人背景等，进行全面的分析和评估。

30. 煤矿工人的心理健康问题主要有哪些？如何预防？

（1）主要问题类型

煤矿工人的心理健康问题主要包括以下四个主要类型。

1）压力和焦虑。由于煤矿工作尤其井下工作具有一定的危险性和不可预测性，煤矿工人会持续感到心理压力和焦虑。煤矿工人普遍担忧自己的安全、健康状况以及家庭生计的维持，这些担忧会导致他们长时间处于心理紧张状态。这种长期的心理压力不仅影响他们的工作表现，还可能导致身体健康问题，如心脏疾病、高血压等。

2）抑郁。煤矿井下工人长时间处于较封闭的工作环境中，缺乏充足的日光照射，并且可能面临社会孤立的情况，这些都可能导致抑郁症状，表现为持续的悲伤情绪、对工作或日常活动失去兴趣、精力减退、睡眠障碍等。长期抑郁不仅影响工作表现和生活质量，还可能导致更为严重的身心健康问题。

3）创伤后应激障碍。在经历或目睹如矿难等严重创伤性事件后，煤矿工人可能会出现创伤后应激障碍的症状。这些症状包括频繁回忆创伤事件、极力避免与事件相关的情境、持续的紧张状态以及睡眠质量问题等。这种持续的心理创伤严重影响其工作能力、社交关系以及整体生活质量。

4）睡眠障碍。由于煤矿工人经常需要轮班工作，他们的“生物钟”容易受到干扰，从而导致睡眠障碍，包括入睡困难、睡眠中断或早醒等问题，长期的睡眠不足不仅会导致煤矿工人感到疲劳和注意力不集中，还可能增加事故风险，并对身心健康产生负面影响。

（2）预防措施

为有效预防煤矿工人的心理健康问题，创造一个安全健康的工作环境，可采用以下措施。

1）加强心理健康支持。企业应设立专门的心理健康服务机构或提供便捷的心理健康专家咨询渠道，如聘请心理咨询师和治疗师等。这些服务不仅应该在紧急情况下提供，还应该作为日常健康福利的一部分，以帮助煤矿工人正确应对日常工作压力，提高其情绪整理能力和应对策略。

2）优化工作环境。优化工作环境主要是确保工作场所的安全性，减少潜在的身体和心理风险。例如，改进照明和通风条件、减少噪声污染、合理安排工作和休息时间等。同时，营造一种相互支持、包容的工作文化，以有效减轻煤矿工人的心理负担，增强其归属感。

3）构建社交支持网络。企业应鼓励煤矿工人之间以及煤矿工人与管理层之间交流与互动，建立紧密的社交支持网络。可以通过组织团队建设活动、创建共享交流空间和举办社交聚合等方式来实现，良好的同事关系可以为煤矿工人提供情感支持，有效减轻其工作压力。

4）开展培训和教育活动。定期开展关于压力管理、焦虑和抑郁应对等方面的培训和教育活动。这些培训和教育活动的内容应该包括如何识别和处理自身或同事可能面临的心理健康问题，以及提供或寻求帮助的正确途径。

5）倡导健康生活习惯。鼓励和支持煤矿工人养成健康的生活习惯，如进行有规律的体育活动、保持均衡饮食、确保充足休息等。这些习惯有助于提高煤矿工人的整体健康水平，增强抵抗力，减少由于不健康生活习惯引发的额外心理压力。

6）实施定期健康检查。企业应提供全面的身心健康检查服务，帮助煤矿工人及早发现并干预心理健康问题。这应该包括定期的心理健康筛查和必要的跟进治疗与关怀等。

31. 冶金工人的心理健康状况和衡量标准是什么？

冶金工人的心理健康状况与其工作环境和社会环境紧密相关。在我国，随着过去几十年快速工业化和城市化进程，尤其是在南方一些现代化城市，大量冶金工人承受着沉重工作负担，同时面临着工作和社会压力。这些工作和社会压力常常使得冶金工人感到失落和迷茫，从而导致抑郁和焦虑症状的出现。有研究表明，工作压力和人际需求的不满足可能通过产生失败感间接导致抑郁和焦虑症状。此外，社会支持在这些关系中扮演着调节作用，可以保护冶金工人免受过度工作压力和不满足的人际需求带来的抑郁和焦虑等负面情绪的影响，甚至在一定程度上缓解由于失败感带来的负面影响。

冶金工人的心理健康问题通常通过多种衡量标准来评估和研究，这些衡量标准既可以单独使用，也可以结合使用，以便全面评估冶金工人的心理健康状况。以下是主要的心理健康衡量标准的类别。

（1）症状评估

这类衡量标准主要用于评估冶金工人是否出现特定的心理健康症状，如抑郁、焦虑、失眠等。常用的工具包括抑郁症状自评量表（如汉密尔顿抑郁量表）、焦虑症状自评量表（如贝克焦虑自评量表）以及睡眠质量自评量表等。

（2）心理压力评估

工作环境中的心理压力会对冶金工人的心理健康产生重要影响。可以采用评估工作压力的工具，包括工作压力问卷、工作满意度问卷等，来评估冶金工人的心理压力水平以及他们面临的与工作相关的压力和负荷。

（3）社会支持评估

社会支持是决定冶金工人是否能够应对心理压力的关键因素之一。评估社会支持的工具包括社会支持问卷等，用于测量冶金工人是否拥有亲朋好友的支持以及与同事之间的社交支持，从而判断其社会支持的强弱。

（4）心理健康量表

这类量表主要用于综合评估冶金工人的心理健康状态。常见的心理健康量表包括 12 项一般健康问卷（GHQ–12）、心理健康量表（MHI）、9 条目病人健康问卷（PHQ–9）等。

（5）生活质量评估

通过评估冶金工人的生活质量，可以了解他们的整体幸福感和满意度。生活质量评估工具包括生活满意度问卷、生活质量指数等。

32. 影响冶金工人的心理健康的因素有哪些？如何预防？

（1）主要问题类型

冶金工人可能面临各种心理健康问题，这些问题与其工作环境和工作性质的特殊性密切相关。以下是一些可能影响冶金工人心理健康的因素。

1）工作压力

冶金工作通常涉及复杂的设备和高度技术性的操作，其紧迫性、高负荷特性可能导致冶金工人巨大的工作压力，进而引发焦虑和情绪不稳定。此外，冶金工作还涉及高温、高压以及有害物质的使用，因此冶金工人可能会有工作安全方面的担忧，这种担忧进一步加剧他们的心理压力。

2）体力劳动的负荷

冶金工作通常需要进行繁重的体力劳动，包括长时间站立、举重或其他体力活动等。这不仅会导致冶金工人体力疲劳和身体不适，还可能影响冶金工人的心理健康。此外，一些冶金工厂可能需要冶金工人轮班工作，包括夜班工作。不规律的工作时间可能扰乱冶金工人的生物钟，导致睡眠问题，进而使生活质量下降。

3）社交环境的挑战

工作环境中的社交问题，如同事之间的冲突、孤立感或人际关系紧张等，都可能对冶金工人的心理健康产生负面影响。同时，对于职业前景的不确定性或工作可能被自动化取代的担忧，以及因为冶金工作的高度专业化和技术性要求，冶金工人可能感到自己的技能不足或无法跟上技术发展的步伐，这些都会引发冶金工人的焦虑与不安。

4）职业健康风险的威胁

冶金工作长期面临职业健康风险，如职业性肺病或职业性皮肤病。在冶金工人缺乏自我保护意识和知识时，这些风险可能对冶金工人的心理健康产生影响。

（2）预防措施

针对上述问题，需采用特定措施加以预防，以有效预防冶金工人心理健康问题的发生。

1）工作环境改善

创建一个安全、舒适和相互支持性的工作环境对改善冶金工人的心理健康问题至关重要，要符合严格的健康和安全标准。同时，通过减少工作风险，确保工作设备和程序的安全性，以及提供适当的工作空间和设施，以减轻冶金工人的体力负担。

2）心理压力管理

企业应关注冶金工人的心理压力问题，通过适当减轻其工作压力、合理分配工作负荷，以及提供心理健康培训和支持等方式，帮助冶金工人更好地应对工作要求。此外，合理管理工作时间，减少不规律的工作和夜班工作，也是减轻心理压力的有效手段。

3）社会支持和团队建设

企业内部应鼓励建立积极的社交关系，为需要帮助的冶金工人提供及时的社会支持。通过定期组织团队建设活动，促进工人之间的合作和沟通，并提供社交支持和心理健康支持服务，以增强团队凝聚力和冶金工人的归属感。

4）个人心理健康教育

为冶金工人提供心理健康教育和意识提高活动至关重要，有助于帮助他们了解和管理自己的心理健康。此外，通过提供个人发展和职业培训机会，可以帮助冶金工人提升自尊心和职业满意度。最重要的是要实施定期的心理健康评估，以便及早发现和处理潜在的心理健康问题。

33. 如何评价化工从业人员的心理健康状况？

化工生产经营单位应当关注其从业人员的身体状态、心理状况和行为习惯，加强对从业人员的心理疏导和精神慰藉，严格落实岗位安全生产责任制，防范从业人员行为异常导致事故发生。化工从业人员的心理健康状况是一个复杂的问题，需要从多个角度进行分析。

（1）工作环境中的心理状况

首先，化工从业人员的工作环境具有特殊性，常常面临着高温、高压、腐蚀性等危险因素，这些因素不仅威胁着化工从业人员的身体健康，还可能对他们的心理健康产生负面影响。其次，化工从业人员在工作中需要保持高度专注力和严谨性，这种持续高强度的工作压力可能导致他们情绪不稳定，甚至引发心理健康问题。此外，化工从业人员在工作中需要处理复杂的化学反应和工艺流程，这需要他们具备高度的专业技能和知识水平，这种高要求的工作也可能使他们在工作中压力重重。

（2）化工安全事故发生后的心理状况

相关研究结果显示，当化工安全事故发生后，不同群体的心理反应存在差异，例如，男性从业人员普遍比女性从业人员承受能力强；性格开朗、情绪控制能力强的从业人员心理创伤程度较小，后期恢复时间较短；知识经验丰富的从业人员能较早感知到异常，并采取一系列应急防范措施，减轻事故带来的生理及心理伤害。发生化工安全事故后，团队协作能力差、信息不能及时公开到位，可能引发群体恐慌。事故的严重程度和持续时间与造成的心理创伤程度成正比，尤其是事故救援及事故调查人员长时间暴露于惨烈现场环境中，很容易产生替代性创伤，若不及时实施心理救助，会严重影响这些工作人员的正常生活。

34. 化工从业人员的心理健康问题主要有哪些？如何预防？

化工从业人员的心理健康问题确实是一个不容忽视的问题。在生产过程中，他们不仅要面对高温、高压、易燃易爆等恶劣环境，还需应对严格的工艺流程和产品质量要求。这些因素都不可避免地会对他们的心理健康造成一定影响。

（1）主要问题类型

1）焦虑和压力。由于化工生产具有高度不确定性和风险性，化工从业人员常常需要保持高度警惕，随时准备应对突发情况，这种长期的精神紧张很容易导致化工从业人员感到焦虑和心理压力增加，甚至出现心理障碍。

2）孤独感和社交隔离感。化工生产过程中，化工从业人员可能需要长时间独自工作，缺乏与他人的交流和互动。这种孤独感和社交隔离感不仅会影响他们的工作积极性，还可能对他们的心理健康造成负面影响。

3）事故后的心理创伤。一旦发生危险化学品泄漏、爆炸等事故，化工从业人员往往会产生恐惧、无助和绝望等负面情绪，这些情绪会对他们的心理健康造成长期影响。

（2）预防措施

1）加强心理健康教育和培训。企业应定期开展心理健康教育和培训活动，帮助化工从业人员掌握如何应对化工生产过程中的工作压力和挑战，以提高他们的心理素质和职业能力。

2）建立良好的工作环境。企业应努力为化工从业人员营造一个安全、舒适、和谐的工作环境，例如，提供必要的劳动防护用品、合理安排工作时间和休假制度等，以减轻化工从业人员的工作压力和负面情绪。

3）提供专业的心理咨询服务。企业应设立专门的心理咨询机构或聘请专业的心理咨询师，为化工从业人员提供及时、有效的心理咨询服务，帮助化工从业人员解决心理问题和困惑，提高他们的心理健康水平。

4）加强社交互动。企业可以组织各种形式的团队活动、座谈会等，以增进化工从业人员之间的了解和信任，缓解其孤独感和社交隔离感。

5）鼓励化工从业人员自我调节。企业应引导化工从业人员学会自我调节情绪和压力，如锻炼、放松、与家人沟通等，以提高他们的心理素质和自我调节能力。

35. 建筑工人可能产生哪些心理健康问题？

建筑工人长期从事高强度的体力劳动，并且建筑施工单位具有人员流动频繁、卫生条件差、工期紧、任务重等特点，这使得建筑工人身心压力较大，容易产生心理问题。在考虑建筑工人的心理健康问题时，应当充分关注职业因素的影响，如工作压力、工作环境、工作满意度以及家庭社会关系等。以下是建筑工人可能存在的主要心理健康问题。

（1）焦虑心理

建筑工人从事体力劳动，工作时间不固定，经常连续加班，易造成身心疲惫。同时，建筑工人长时间从事建筑施工工作，会对未来及人生目标有迷茫感。这些都导致建筑工人在工作中容易产生焦虑心态。

（2）抑郁心理

长时间重复劳动、工作环境的恶劣以及与他人的交流不畅等都会使建筑工人情绪波动较大，出现抑郁的心理症状。抑郁心理可能导致其思维迟钝、记忆力减退和注意力难以集中，以及身体上的易疲劳和食欲不振等。

（3）自卑心理

建筑工人可能由于对自己能力、品质评价过低而产生自卑心理，表现出缺乏自信、害怕、失望等负面情绪。

（4）孤独情绪

很多建筑工人来自农村，单独外出务工，缺乏家庭关爱，加上建筑施工的工作条件艰苦、劳动强度大以及精神文化匮乏，他们很容易产生孤单情绪。

（5）敌对心理

建筑工人对城市缺乏归属感和存在心理落差，加之工作、生活的枯燥乏味，容易产生敌对心理，表现为对他人和事物厌烦、易与人发生冲突甚至无法控制情绪等。

（6）封闭心理

对于来自农村的建筑工人，他们在城市中可能感到强烈的排斥感，从而产生与人疏离的冷漠感，这加剧了他们对城市不适应的焦虑，致使他们更加自卑、敏感，也可能会因此将自己封闭在建筑工地的生活中，缺乏与城市文化的交流，与城市主流社会及主流文化渐行渐远，使他们特有的异乡孤独感更加强烈。

36. 建筑工人的心理健康问题如何预防？

为了预防建筑工人的心理健康问题，改善建筑工人的心理状况，加强建筑工人与城市文化的交流，在流动频繁的建筑工地中找到归属感和获得感，可以采取以下措施。

（1）物质方面

应提高建筑工人的工资待遇，以体现建筑工人对推进城市建设进程贡献的认可，这样既可以改善建筑工人的生活状况，还可以提高他们的自信心，让他们对未来生活产生憧憬，进而增强其归属感，减少负面情绪的产生。

（2）精神方面

要加强对建筑工人的社会关怀。企业可以定期组织一些集体娱乐活动，丰富建筑工人的业余生活。同时，企业应建立心理咨询室，为心情烦闷、低落的建筑工人提供必要、及时的心理辅导，时刻关注建筑工人的心理状态，为其提供一个具有人文关怀的工作环境。

（3）法律方面

应完善对建筑工人的法律保障制度。建筑工人的文化水平普遍不高，在维护自身权益时可能遇到困难，应向建筑工人普及相关法律知识，必要时提供法律援助，增强他们对社会的信任感，避免因权益受损而产生心理问题。

（4）健康检查

要建立完善的健康检查制度。企业要定期对建筑工人进行身体健康检查，以便及时发现并治疗建筑工人的职业病和身体疾病。同时，企业应建立心理咨询服务体系，为建筑工人提供心理咨询服务，帮助他们解决心理问题，提高心理素质。

（5）劳动保护

要加强劳动保护。企业要不断改善建筑工人的工作环境和劳动条件，这是减少职业病发生的关键。此外，要合理安排工作时间和休息时间，避免建筑工人过度劳累和紧张。同时，企业还要加强职业培训和教育，提高建筑工人的职业技能水平和文化素质，增强他们的自我保护能力和心理素质。

37. 消防和应急救援人员的心理健康状况和衡量标准是什么？

消防和应急救援人员主要包括消防员和应急救援人员。根据《中华人民共和国消防法》相关规定，消防员作为各级人民政府组建的消防组织中的专业救援人员，主要承担应急救援工作，保护人民生命财产安全，维护公共安全；应急救援人员则是各级人民政府或各单位组建的应急救援队伍中的专业救援人员，主要负责控制、减轻和消除突发事件带来的严重社会危害，保护人民生命财产安全，维护国家安全、公共安全、环境安全和社会秩序。

（1）消防和应急救援人员的心理健康状况

世界卫生组织的有关调查数据显示，20%～40% 的人在经历灾难之后会出现轻度的心理健康失调，30%～50% 的人会出现中度甚至重度的心理健康失调，而在灾难后一年之内，20% 的人可能会出现严重心理疾病。针对消防员心理健康的研究发现，消防员心理健康水平受到所参与任务的显著影响，特别是高原寒冷地区、重大灾害事故现场、少数民族聚居区以及一线发达城市这四种特殊环境下的消防员的心理健康水平显著偏低。

（2）消防和应急救援人员的心理健康衡量标准

消防和应急救援人员的心理健康是指消防和应急救援人员在日常生活、训练和应急救援工作中所表现出的稳定心理状态。一个心理健康的消防和应急救援人员应具有以下特质。

1）人格健全，心理稳定，行为表现没有异常现象。

2）在日常训练和生活中，能够积极完成训练任务，保持体能良好和身体健康。

3）与同事、领导等保持和谐良好的人际关系，同时在应急救援工作中，能与被救人员进行有效沟通交流，确保消防和应急救援工作的顺利进行。

4）在应对突发事件时，能够迅速调整心态，沉着冷静地处理事故现场各种突发复杂情况。

5）拥有积极健康的价值观，对生活和工作充满热情，保持对未来的乐观态度。

38. 消防和应急救援人员的心理健康问题如何预防？

消防与应急救援人员一般接受过严格专业的培训，以便在火灾、地震、洪水等紧急事件发生时能迅速行动，拯救生命，保护财产安全。他们是应对各种危机不可或缺的力量。然而，由于经常面临极端的工作环境以及救援行动中的人道主义压力，可能导致这些人员产生一系列的心理健康问题，如恐惧、紧张、创伤后应激障碍症、自我麻痹、自卑、急躁、焦虑、强迫症、抑郁、人际交往障碍等。

为了切实保障和提升消防和应急救援人员的心理健康水平，需要从加强社会支持、加大政府部门支持力度、加强消防和应急救援人员自身心理建设三个层面入手。

（1）加强社会支持

1）社会民众要积极配合消防和应急救援工作，对消防和应急救援工作予以支持，认识到配合消防和应急救援人员的工作就是在保护自身和财产安全。

2）社会媒体应积极传播有关消防和应急救援的正能量信息，避免不实报道和过度渲染，引导大众舆论向积极的方向发展，增强消防和应急救援人员的使命感和荣誉感。

3）心理健康服务机构应主动介入，在消防和应急救援工作中开展专门的心理辅助和心理救助活动，帮助消防和应急救援人员进行心理康复和建设。

（2）加大政府部门支持力度

1）政府部门应高度关注消防和应急救援人员的身心健康，合理安排消防和应急救援人员的日常办公和训练任务，减轻他们的工作负担。

2）政府和有关单位应定期组织心理培训和辅导活动，邀请专家为消防和应急救援人员进行心理健康教育和辅导，帮助他们提高自身调适能力。

（3）加强消防和应急救援人员自身心理建设

1）消防和应急救援人员应加强运动和锻炼，增强体质，同时保持开朗乐观的心态，提高自我抗压能力。

2）积极参加心理健康相关活动，采取合理的方式如跑步、心理咨询、沙盘演练等，排解消防和应急救援工作中产生的心理压力。

3）在日常训练和工作中，与领导、同事等保持积极有效的交流沟通，维护与他人和谐良好的人际关系。

三、保持心理健康

39. 如何识别心理健康问题?

心理健康问题是指个体在心理（包括思维、情感、动作行为、意志等）方面出现的异常反应，通常伴有明显的躯体不适感，这是大脑功能失调的外在表现。识别心理健康问题主要从心理反应、身体不适感和其他心理健康问题表现方面进行。

（1）心理反应

个体可能经常出现思维判断上的失误，思维敏捷性下降，记忆力减退，头脑感觉迟钝或出现空白感，强烈自卑感、痛苦感，精力不足，情绪低落或忧郁，紧张焦虑，行为失常（如重复某一动作、动作减少、退缩行为等），以及意志薄弱等。若个体长期处于低落、消沉的情绪状态，或者对很多事情失去兴趣和动力，则可能存在抑郁倾向。如果经常感到紧张、担心、恐惧，无法放松和集中注意力，则可能存在焦虑问题。

（2）身体不适感

研究表明，抑郁症、孤独症等精神疾病与个体肠道微生物密切相关。精神疾病与功能性胃肠道疾病具有共患性，如情感障碍和焦虑障碍等精神疾病患者常伴有胃肠道疾病的症状；患有抑郁症的个体，往往会伴随胃肠道问题以及各类过敏症状。此外，患有孤独症的患者通常在胃肠道方面也存在异常，且其焦虑情绪也受肠脑互动的影响。

（3）其他心理健康问题表现

1）睡眠障碍。睡眠状况的改变可能是心理健康问题的早期信号。例如，入睡困难、睡眠浅、易醒、多梦、少眠或不眠等都可能是心理健康问题的外在表现。

2）幻觉、幻听、妄想的再现。已经消失的症状如幻觉、妄想又重新出现，虽然幻觉是偶发的、短暂的，妄想是片段的、不系统的，但患者自己也能意识到这是不正常的精神状态。

40. 哪些心理咨询的误区应该避免？

人们对心理问题的认识长期以来存在局限性，这导致对心理咨询的一些误解，这些误解不仅阻碍了心理咨询的开展，也不利于求助者的心理健康。因此，在意识到心理健康问题后，寻求心理咨询应当避免以下误区。

（1）误区一：只有有病的人才会去心理咨询

实际上，寻求心理咨询的人大多是生理和心理健康的正常人，他们可能在生活中遇到了一些自己无法解决的问题而寻求专业的心理帮助，真正患有心理疾病的人则通常需要开展心理治疗。

（2）误区二：将心理咨询等同于聊天

心理咨询或心理治疗虽然以谈话为主要形式，但不同于一般意义上的聊天，心理咨询或心理治疗涉及的是心理学的专业理论知识和技术，还结合了社会学、医学等方面的知识，有严格科学的理论体系和操作规程，旨在通过专业的分析和引导，达到解决心理问题的目的，促进人格的发展。

（3）误区三：期待心理咨询能迅速见效

心理咨询是一个循序渐进的过程，需要通过连续的咨询和治疗，逐步改变咨询对象的认知和行为方式，心理问题的解决往往需要时间和耐心，不可能一蹴而就。因此，求助者必须要有“打持久战”的决心，逐渐解决自己的心理问题。

（4）误区四：心理咨询会告诉自己具体怎么做

心理咨询的目标不是给求助者提供建议，而是帮助求助者自我认知，认识到自己具备解决问题的能力以及找到解决问题的方法和途径。

（5）误区五：将心理健康等于性格好

人们普遍认为心理健康就等同于性格好，但性格好并不一定意味着心理健康。心理健康是一个更广泛的概念，涵盖了情绪、认知、行为等多个方面。

（6）误区六：忽视身体症状与心理健康的关联

心理健康与身体健康密切相关，身体症状往往是心理问题的外在表现。例如，长期的失眠或疼痛可能是心理健康问题的症状，需要得到适当的关注和治疗。

（7）误区七：忽视情绪表达的重要性

情绪是人类体验的重要组成部分，忽视情绪表达可能会导致情绪积压并引发更大的问题。适当的情绪表达和情绪管理对于心理健康非常重要。

41. 哪些身体症状可能暗示潜在的心理健康问题?

随着生活水平的提高，人们对健康和养生越来越重视。长期以来，人们普遍秉持“无病即健康”的观念，而不重视心理健康与生理健康的关系，导致心理健康在很大程度上被忽视。实际上，身体的某些症状也许暗示着潜在的心理健康问题。

（1）躯体化症状

头痛、头昏、胸痛、腰痛、身体发麻或刺痛等症状可能是心理压力或焦虑情绪的身体化表现。

（2）抑郁症状

精力下降、活动减慢、苦闷、自责、孤独感以及对事物失去兴趣等症状严重影响个体的情绪状态和日常生活。

（3）焦虑症状

焦虑是常见的心理问题，身体症状主要表现为神经过敏、紧张不安、恐惧或惊恐等。

（4）恐怖症状

恐怖症状是在极度不自信状态下的具体体现，其症状表现为害怕空旷的场所或街道、害怕人群等。

（5）偏执症状

偏执症状表现为对环境和他人的过度怀疑和不信任，可能导致人际关系紧张甚至引发冲突。

（6）精神类疾病症状

这类症状可能严重干扰个体行为和认知，如妄想、幻听等。

（7）敌对症状

这类症状可能加剧人际关系紧张，表现为易怒、冲动行为以及与人争论等。

（8）强迫症状

这类症状可能导致个体在日常生活和工作中感到困扰和焦

虑，如反复出现的想法、行为或仪式等。

42. 有哪些常见的心理健康问题的初期迹象？

出现心理问题的初期，通常会有一些初期迹象，这些迹象可以帮助我们判断他人或自己是否正在经历心理健康问题。在初期阶段，即使只出现一个或两个症状，也需要及时进行合适的心理咨询和干预，以防演变为严重的心理健康问题。以下是一些常见的心理健康问题可能出现的初期迹象。

（1）情绪波动

情绪波动是心理健康问题常见的初期迹象，具体表现为情绪波动大；容易大喜大悲；情绪表达相比平时更加激烈；短时间内情绪起伏大，如愤怒、悲伤或快乐的情绪交替出现等。

（2）焦虑和压力

在没有明显外部压力源的情况下，个体仍感到持续的焦虑和压力，通常会伴有失眠、噩梦、易怒等情绪反应。

（3）行为改变

这里的行为改变是指非正常的一种行为变化，表现为日常工作和生活中的行为习惯可能突然发生改变，这些变化可能涉及饮食、睡眠、社交等。例如，出现暴饮暴食或食欲不振，过度睡眠或失眠等。此外，还会出现对某些感官刺激（如声音、光线等）异常敏感，以及避免过度刺激的行为。

（4）自我评价下降

这类问题常表现为对自己产生更为消极的认知，对自己的能力、外表、性格或价值观的评价下降，突如其来的罪恶感和无价值感等。

（5）注意力不集中

无论处于什么场合下都难以集中注意力或保持专注，这种注意力不集中情况已经影响到学习、工作或日常活动。

43. 什么是心理测量?

心理测量是通过科学、客观、标准的测量手段对人的特定素质进行测量、分析和评价，如感知、能力倾向、心理健康等。心理测量是利用专业的心理测评量表，运用特定法则对事物的特征进行定量描述。

需要注意的是，心理测量只是一种工具，它能为我们提供有价值的参考和指导，但绝不能决定一个人的命运。在心理测量过程中，必须严格遵循科学、客观、公正的原则，以确保测量结果的准确性和有效性。同时，必须充分尊重并关注个体的差异性和多样性，避免将测量结果简单地归为某一固定类别。此外，心理测量对于深入理解人类情绪和情感也具有重要意义，通过对情绪和情感的测量与分析，可以更全面地了解人类的情感体验和情绪表达方式，从而为情感和情绪管理等领域提供重要的研究工具和方法。

心理测量还可应用于心理咨询和治疗领域，通过心理测量，心理咨询师可以更准确地把握咨询者的心理特点和问题，从而为制定个性化的治疗方案提供有力参考。同时，心理测量也可以帮助评估治疗效果和预后情况，为优化治疗方案提供重要的反馈和指导。

44. 心理测评量表有哪些类别？其主要应用场景有哪些？

（1）心理测评量表的分类

心理测评量表是一种通过填写问题来评估个人心理状态的工具。它可以帮助人们更深入地了解自己的内心世界，发现自己存在的问题，并采取相应的措施加以解决。根据测量对象的不同，心理测评量表可分为个人心理自测量表和群体心理自测量表。个人心理自测量表主要用于测量个人的心理状态，如情绪自测量表、压力自测量表、焦虑自测量表等；群体心理自测量表则侧重于评估群体心理状态，如团队协作能力、团队凝聚力等。根据测量方式的不同，心理测量量表可分为定性测量量表和测量自测量表。定性测评量表主要通过问题的描述和解释来揭示个人或群体的心理状态；定量测评量表则主要运用统计分析的方法，通过具体数据来展现个人或群体的心理状态。

（2）心理测评量表的应用场景

1）个人心理自测量表可以应用于个人的日常生活中，如通过填写情绪自测量表来了解自己的情绪状态，从而更好地管理情绪。

2）定性和定量测评量表可以作为心理咨询的重要工具之一，帮助心理咨询师了解咨询者的心理状态，从而更具针对性地制定治疗方案和采取治疗措施。

3）群体心理自测量表可以应用于企业管理中，如通过群体心理自测量表来了解团队的心理状态，从而更有效地制定管理策略和措施。

（3）常见的心理测评量表

1）焦虑自评量表，该量表用于评估个体焦虑症状的严重程度，帮助咨询师更准确了解咨询者的焦虑状况，从而采取合适的干预措施。

2）简明精神疾病评定量表，该量表是精神科常用的专业量表之一，用于评估精神疾病症状的严重程度，如精神分裂症、情感障碍等，为临床诊断和治疗提供重要的依据。

3）症状自评量表，该量表包含 90 个项目，涉及较广泛的精神疾病症状学内容，如感觉、情感、思维、意识、行为等，要求受试者根据自己的实际情况就有无该症状进行评定。它主要应用于临床研究、心理咨询、精神科门诊等，适用于识别心理障碍及其严重程度。

除了以上这些常见的心理测评量表，还有许多其他的心理测评量表，如抑郁自评量表、生活事件量表等。在实际应用中，应根据不同的需求和目的选择合适的心理测评量表。

45. 为什么预防心理健康问题至关重要?

（1）心理健康问题对人的影响

1）心理健康问题对身体健康具有直接而深远的影响。多项研究表明，长期承受压力、持续焦虑和抑郁情绪会导致身体内部炎症反应加剧，从而显著提高罹患心脏病、糖尿病等慢性疾病的风险。此外，持续的心理健康问题可能导致睡眠问题，这进一步削弱了免疫系统的正常功能。因此，关注和维护心理健康，对于预防身体疾病、延长寿命以及提高生活质量都具有不可忽视的作用。

2）心理健康问题对人际关系具有深刻影响。一个心理健康状态良好的人，通常更有可能建立积极和谐的人际关系。他们能更好地理解和管理自己的情感，同时也更善于倾听和支持他人。相反，心理健康问题往往导致冲突、争吵甚至与别人关系的疏远，对亲密关系造成伤害。因此，维护心理健康有助于建立稳定健康的人际关系，这在社会生活中至关重要。

3）心理健康问题对于工作和职业发展的影响同样不容忽视。一个心理健康状况良好的人，在面对工作压力和挑战时，更有可能保持高效和创造性的工作状态；而焦虑、抑郁等心理健康问题可能导致职业发展滞后、职业倦怠和对工作不满。因此，重视并投资于个人的心理健康不仅有助于实现职业成功，还可以提高职业满足度和幸福感。

（2）安全生产中心理健康的重要性

从安全生产的角度来看，关注并重视从业人员的心理健康是安全生产的内在核心要求。生产安全事故发生的原因，可归结为人的因素、物的因素及环境因素这三个方面。其中，人的因素尤为关键，包括脑力疲劳、情绪波动、注意力不集中、判断错误、侥幸心理以及人际冲突等多种情况；物的因素之所以可能导致生产安全事故发生，往往与设计不科学、管理不善、维护不良、操作不慎等有关；环境因素所致的生产安全事故往往与预测不准确、预报不及时、预防不到位等有关。所以，有效预防生产安全事故应主要从人的因素和管理层面入手。生产安全事故的预防首先是人防，而人防的核心是心防。2016 年 12 月，国家卫生计生委等 22 个部门联合印发《关于加强心理健康服务的指导意见》（国卫疾控发〔2016〕77 号），要求各机关、企事业和其他用人单位要把心理健康教育融入职工思想政治工作，制订实施职工心理援助计划，为职工提供健康宣传、心理评估、教育培训、咨询辅导等服务，传授情绪管理、压力管理等自我心理调适方法和抑郁、焦虑等常见心理行为问题的识别方法，为职工主动寻求心理健康服务创造条件。对处于特定时期、特定岗位、经历特殊突发事件的职工，及时进行心理疏导和援助。新修订的《中华人民共和国安全生产法》(以下简称《安全生产法》)对第四十四条的修改也体现了从法律层面保障从业人员心理健康权益的重要性，从心理健康的维度为安全生产提供了重要保障。

法律提示

《安全生产法》第四十四条规定："生产经营单位应当教育和督促从业人员严格执行本单位的安全生产规章制度和安全操作规程；并向从业人员如实告知作业场所和工作岗位存在的危险因素、防范措施以及事故应急措施。

生产经营单位应当关注从业人员的身体、心理状况和行为习惯，加强对从业人员的心理疏导、精神慰藉，严格落实岗位安全生产责任，防范从业人员行为异常导致事故发生。"

46. 如何识别并应对可能导致心理健康问题的压力源？

(1)识别心理健康问题的压力源

常见的心理健康问题的压力源一般包括以下五个方面。

1)经济压力。经济压力是最普遍与现实的，对于大多数从业人员而言，抚养孩子、赡养老人以及应对各类日常开销、教育费用和突发疾病等意外支出，都是经济压力的重要来源。

2)情感压力。情感压力主要源于与家人、爱人之间的互

动。例如父母的不认可、爱人不支持自己的事业、孩子不理解自己的付出等，这些都可能成为争执的导火索，当争执成为常态，渐渐会磨灭人们对生活的美好向往，取而代之的只有压力和无力感。

3）工作压力。工作压力是许多从业人员面临的重要问题，长时间从事复杂烦琐的工作，频繁熬夜、加班，以及最终得到的回报与付出不成正比的情况，都容易导致心理失衡。此外，工作上的压力不仅来自工作本身，还可能由于与上司、同事之间的关系处理不当，影响工作效率和心理健康。

4）健康压力。健康状况不佳或存在潜在健康风险时，人们往往会产生焦虑和担忧，进而导致心理压力。另外，对于特定疾病或症状的恐惧和悲观情绪也可能增加心理负担和压力。

5）比较压力。在现实生活中，人们总是有意无意地将自己与他人进行比较，一旦发现自己在某些方面不如他人时，就会感到紧张和压力。此外，身边人的提醒、比较也可能加剧这种压力感。

（2）应对心理问题的压力源

面对上述各类心理问题的压力源，从业人员要学会有效应对，以维护身心健康，主要可以从以下六个方面入手。

1）寻求平衡。在工作和个人生活之间找到平衡点至关重要。合理安排工作时间，确保有充分时间用于休息、娱乐和家庭生活，这对于缓解工作压力和情感压力有很大帮助。

2）有效的时间管理。学会设定优先级并合理分配时间，避免过度投入于单一任务或过度延长工作时间。

3）建立支持系统。与同事、上司或其他专业人士建立良好的支持关系，可以分享经验、获得建议，并在需要时寻求帮助。

4）定期休息和放松。定期进行放松练习，如冥想、呼吸练习或者身体活动，有助于减轻紧张情绪、缓解压力。

5）沟通和管理情绪。学会有效沟通，表达自己的需求和感受，并学会管理情绪以应对工作压力。

6）寻找工作中的乐趣。尝试发现工作中的乐趣和成就感，在承受工作压力的同时享受工作的乐趣和成就感，能够显著减少来自工作的压力感。

47. 如何减轻压力与焦虑?

压力是由压力源和个体对压力源的反应共同构成的一种心理体验过程。我们常说的“工作压力大”“生活压力大”其实是指压力源并非压力，压力是由主客观因素共同作用形成的，包括内外刺激以及个体对刺激的主观体验反应。压力是生活中不可避免的一部分，是无法从根源上消除的，我们可以有效管理和应对由压力引发的副产品——焦虑。焦虑是人们在面临压力时产生不适感的本质原因。

常见的减轻压力与焦虑的措施有以下六种。

（1）正确认识压力与焦虑

人生活在社会中，适度的压力与焦虑是正常的心理体验。长期缺乏压力会使人难以经受环境的考验，影响身体的正常机能。因此，我们不需要排除生活中正常的压力与焦虑，而是应该学会在适当的压力下保持平衡，并在遇到过大压力时寻找缓解的办法。

（2）增强自信心

自信心是应对压力与焦虑的重要心理资源。要增强自信心，应当加强意志和魄力的训练，培养自己不畏强手、敢于拼搏的精神。同时，在日常生活中要多与积极乐观的人交往，经常进行积极的自我心理暗示，日常出行注重仪表整洁等，这些都有助于提高自信心。

（3）主动疏散压力与焦虑

当感到压力与焦虑情绪严重时，我们应当学会主动寻找支持和倾诉，把自己的感受和体验讲给亲人、同事、朋友，让不良情绪得到释放。同时，自己也要积极调整情绪，以豁达的态度面对生活，学会在需求与放弃之间作出合理取舍。

（4）合理设置目标规划

根据自身实际情况，为自己设置切实可行的长、中、短期目标，详细制订时间规划，按照目标和时间顺序一步一步努力和奋斗。在实现目标的过程中，压力与焦虑等不良情绪便会被完成目标和努力奋斗的充实感所代替。

（5）获得社会支持

社会支持对缓解压力与焦虑具有重要作用。通过寻求物质和精神上的支持，我们可以增强应对压力与焦虑的能力。与他人建立良好的人际关系，积极参加社交活动，都有助于我们获得更多的社会支持，从而提升自身应对压力与焦虑的自信心。

（6）运动健身

运动健身是减轻心理压力与焦虑的有效方式。运动可以让疲惫的神经得到彻底放松，提高身体素质，增强应对压力的能力。制订运动计划并长期坚持下去，有助于我们保持积极的生活态度和健康的生活方式，预防压力与焦虑等不良情绪的产生。

48. 如何保持健康情绪?

每个人都会有情绪波动，这是不可避免的，只要乐观积极的情绪占据主导地位，就可以认为是健康的情绪状态。不同性质、强度、紧张度的情绪，以一定的方式组合起来，在一段时间内形成影响人的整个身心活动的主导情绪，这就是通常所说的情绪状态。

常见的保持健康情绪的措施有以下三种。

（1）合理宣泄不良情绪

合理宣泄不良情绪是指在适当场合、采取适当方式排解心中的负面情绪。遇到负面情绪时，可以通过“宣泄”将其释放出来。但合理宣泄并不等于放纵、任性或胡闹，情绪的宣泄要有节制，要注意方式、方法和时间、场合，尽量不影响他人，也不损害自己的身心健康，否则可能带来新的情绪困扰。

（2）提升自我认知

提升自我认知是指要正视自己的情绪，不要试图用其他看似合理的理由来掩饰或逃避不良情绪的存在。可以通过从内在、外在两个层面的积极自我改变来改善自我情绪体验：外在方面，保持整洁的仪表和适当的形象变化，有助于提升自信心和情绪状态；内在方面，可以经常进行自我鼓励，提醒自己时刻保持积极的状态和情绪。

（3）转移注意力

当情绪难以控制时，可以有意识地转移注意力，把注意力从引起不良情绪的刺激情境转移到其他事物或活动上，这有助于产生新的心理体验，从而驱逐和取代不良情绪。这是人们常用的一种情绪调节方法。

49. 如何塑造健康人格?

健康人格是指各种良好人格特征在个体身上的集中体现，此时，人格的各个方面都能得到充分的、统一的、平衡和谐的发展。

常见的塑造健康人格的措施有以下四种。

（1）正确认识自我人格

塑造健康人格，首先要正确地认识自我人格，可以通过自我观察、自我体验、自我反思等方式，全面、细致地剖析自己的人格特点，同时可以借助各项心理测验等科学方法，全面分析自己的人格倾向和心理特征，包括能力、气质、性格等方面的特点，以便扬长避短，有针对性地塑造健康人格。

（2）提升智慧，丰富知识

塑造健康人格需要不断提升自己的智慧并丰富自己的知识。提升智慧和丰富知识的过程是优化人格的过程，也是个人成长和进步的过程，有助于建立更加积极健康的人格。

（3）积极参与集体活动

融入集体是塑造健康人格的重要途径，可将人格的自我塑造纳入集体的大环境之中。通过积极参与集体活动可以与他人建立良好的人际关系，学会与他人合作和分享。在集体中，可以得到他人的认可和鼓励，从而增强自信心和自尊心；通过与他人交往，可以学习他人的长处，弥补自己的短处。

（4）保持乐观积极的人生态度

塑造健康人格需要保持乐观积极的人生态度。要学会控制和调节自己的情绪，建立积极健康的情绪状态，培养经受挫折的耐受力，不盲目冲动、不消极低沉，对前途充满希望和信心，对自己所从事的工作抱有浓厚的兴趣，充分发挥自己的智慧和才能。即使在遇到困难和挫折时，也能不畏艰险、勇于拼搏。

50. 如何进行积极心理的培养？

积极心理包括积极心态、积极人格和对情绪情感的良好控制，主要是指积极的心理态度或状态，是个体对待自身、他人或事物的积极、正向、稳定的心理倾向，是一种良性的、建设性的心理准备状态。

常见的积极心理的培养措施有以下五种。

（1）反驳消极思维

有关研究表明，消极思维和消极情绪相辅相成。当采用消极思维思考时，就会滋生消极情绪。因此，我们首先要做的就是质疑产生的消极思维，将消极情绪扼杀在萌芽阶段，进而为培养积极心理创造条件。

（2）寻找积极意义

消除消极思维、扼杀消极情绪是形成积极心理的良好开端，但更重要的是要由衷地形成积极情绪。培养积极心理的一个关键途径就是在日常生活中更加频繁地找到生活的积极意义，并将其转化为积极的情绪体验。

（3）调节不良认知

由于文化、知识水平及周围环境背景的差异，人们对生活中的问题往往有不同的理解和认知。不同的理解和认知会滋生不同的情绪，从而影响人的行为反应。因此，可以通过调节认知和行为技术来改变自己心理的不良认知，从而矫正不良情绪和不良行为，进而培养积极心理。

（4）保持幸福感

培养积极心理需要在生活中保持幸福感。幸福是一种主观体验、一种主观精神层面的积极情绪体验。追求幸福是人的本性，是人生的动力和精神支柱。

（5）勇于直面困难

消极心理的产生大多由于个体在生活中遇到了无法解决的困难而止步不前，进而滋生不良情绪，产生消极心理。因此，勇于直面困难是消除消极心理、培养积极心理的有效方式，这要求我们在生活中要不断培养并增强自信心、健康情绪和健康人格，面对生活中的逆境和困难时永远保持积极心态。

51. 有哪些职业因素可能增加心理健康风险？

职业工作中的诸多因素都会直接或间接地影响职工的心理健康，具体包括以下四个方面。

（1）工作压力

在工作环境中，职工常常面临各种压力，如工作量大、工作时间长、任务复杂等。如果这些压力不能得到有效缓解，可能会导致职工出现焦虑、抑郁、疲劳等问题。此外，长期承受过大的工作压力还可能增加生理健康风险。

（2）工作满意度

工作满意度也会影响职工的心理健康。当职工对工作感到不满时，可能会出现情绪低落、失眠等症状。此外，如果职工感觉自己的工作成果没有得到认可或者缺乏足够的支持，也可能导致心理健康风险增加。

（3）社交关系

在工作环境中，职工的社交关系也是影响其心理健康的关键因素。如果职工与同事之间存在紧张关系或者缺乏支持与合作，可能导致职工出现焦虑、抑郁等症状。因此，建立良好的同事关系对于维护职工的心理健康至关重要。

（4）工作安全

工作安全直接影响到职工的心理健康。如果职工感到自己的工作环境中存在事故隐患，可能引发焦虑、抑郁等症状。此外，如果职工认为自己在工作中没有得到足够的安全保护和支持，也会增加职工的心理健康风险。

相关链接

生产工作中的各类环境参数会对职工的身心健康有显著影响，如空气质量、光线和噪声、温度和湿度等。空气质量差可能会导致职工出现头晕、喉咙痛、咳嗽等症状，这些症状可能会影响职工的工作效率和生产力；如果工作环境中的光线太暗或太亮，可能会对职工的视力造成损害，而噪声太大，可能会导致职工的听力受损；温度过高或过低，湿度不适宜，可能会导致职工出现头晕、恶心、出汗等症状。这些职业环境因素不仅会直接影响职工生理健康，也会对职工的心理健康造成负面影响。

52. 哪些职业培训内容可以帮助预防职业心理健康问题?

用人单位应该依照相关标准，为职工提供有关职业心理健康的职业培训。职工心理健康职业培训可以采用多种形式，如讲座、小组讨论、角色扮演等，其中，讲座是最常用的一种形式。讲座通常由专业的心理医生或心理学家担任讲师，通过讲解理论知识、分析案例等方式，向职工介绍心理健康知识和管理技巧；小组讨论和角色扮演则更加注重互动性，能够让职工更加深入地了解和掌握心理健康管理的方法。

职工心理健康职业培训内容中应涵盖以下方面。

（1）压力管理

压力管理培训聚焦于让职工认识压力的来源，包括工作要求、时间压力以及人际关系等，并提供应对策略，如时间管理技巧、合理的工作安排及放松技巧等。

（2）情绪管理

情绪管理培训旨在帮助职工识别和理解个人情绪，探讨情绪对工作绩效和团队合作的影响。其内容一般包括积极表达情绪的技巧、有效沟通的技巧、冲突解决技巧等，目的是有效处理工作中的紧张关系。

（3）工作与生活平衡管理

此项培训强调时间管理技能的重要性，教导职工如何更有效地平衡工作、家庭和个人需求。同时，也强调休息的重要性，教授放松技巧，并鼓励职工在忙碌的日程中寻找休息时间。

（4）认知行为技能

此项培训聚焦于建立正面思维模式，教导职工如何转变负面思维模式以及在应对挑战时改变看待问题的方式，从而更好地解决问题。

（5）团队合作与沟通技能

此项培训旨在通过团队活动和训练，提升团队之间的互助、支持和协作能力。同时，培养良好的团队沟通技巧，包括倾听、分享以及有效解决问题的方法。

（6）心理健康意识提升

此项培训旨在增强职工对心理健康问题的认识，包括识别心理健康问题的常见迹象和症状，并提供资源和途径以便职工可以有效寻求帮助和支持。

（7）自我护理技能

此项培训将教导职工培养良好的睡眠习惯和管理技巧，确保他们获得足够的休息。此外，还将提供健康饮食和适量运动的建议，以促进职工的身心健康平衡。

相关链接

企业开展心理健康职业培训应注意以下事项。

（1）定期组织

心理健康职业培训是一项需要长期坚持的工作，不能仅仅局限于一两次的活动。企业应该定期组织心理健康职业培训，确保职工持续学习和掌握心理健康管理的方法。

（2）注重实效

心理健康职业培训的内容不能仅仅停留在理论层面，更应该注重实际操作和应用。企业应该结合职工实际情况和需求，制定实用性强的培训方案。

（3）建立反馈机制

心理健康职业培训应该是一个双向互动的过程，企业应该建立有效的反馈机制，鼓励职工分享自己的培训体验和学习效果，以便不断优化培训方案。

53. 跨文化职业背景带来哪些心理健康挑战？如何预防？

（1）跨文化职业背景带来的心理健康挑战

1）文化冲突。文化冲突是跨文化背景下常见的心理健康问题，尤其是在移民或国际留学等情境中。在异国他乡生活，个体可能面临自身价值观与当地文化的冲突，进而产生困惑和失落等情绪。这种冲突可能表现为自我认同的迷茫、认知上的偏差、情绪波动和自卑感等心理症状。

2）适应困难。在跨文化环境中，个体需要适应新的生活方式、社会规范和语言环境等。这些困难可能导致压力和焦虑，使个体难以融入新环境或产生沮丧感，这种症状常常伴随着孤独感、失眠和压力过大等负面影响。

3）社交障碍。由于文化差异，交际方式和社交规则也会有所不同。在跨文化环境中，个体可能感到不自在、紧张甚至是恐惧，导致社交障碍的出现。这类障碍通常表现为社交回避、社交疑虑、社交恐惧等。

（2）应对跨文化职业背景带来的心理健康问题的方法

1）文化教育与倾听。为了有效应对文化冲突和适应困难，个体应当接受相关文化教育，深入了解当地文化的特点和习俗。同时，倾听并尊重他人的文化背景和观点，以建立相互理解和包容的关系，促进心理适应。

2）心理支持和专业辅导。对于那些在跨文化环境中遭遇心理健康问题的个体，心理支持和专业辅导是非常重要的。专业的心理咨询师可以提供个体化服务，帮助个体应对文化冲突、社交障碍等挑战。

3）社交技巧训练。针对社交障碍，社交技巧训练可以起到积极作用。个体可以通过模拟社交场景、角色扮演和反思来提升自己的社交能力，增加对跨文化环境下社交情境的适应性。

4）跨文化交流。积极参与跨文化的交流活动并建立友谊关系，有助于促进个体的心理健康。通过与来自不同文化背景的人交流，可以拓宽自己的视野，增加对其他文化的了解和接纳度，从而减轻文化冲突。

5）健康生活方式。保持健康的生活方式对于维护个体的心理健康非常重要。适度的运动、均衡的饮食和良好的睡眠等，都有助于个体应对跨文化环境中的心理压力，并增强其身心抵抗力。

54. 什么是企业员工心理援助项目？具体包含哪些内容？

企业员工心理援助项目（employee assistance program，EAP）又称员工帮助计划、全员心理管理技术。它是由企业为员工精心设置的一套系统的、长期的福利与支持项目。

通过专业人员对组织的诊断、建议以及对员工及其直系亲属提供的专业指导、培训和咨询，EAP 旨在全面解决员工及其直系亲属的各种心理和行为问题，进而提高员工在企业中的工作绩效。EAP 不仅仅是一种员工福利，同时也为管理层带来了实质性的帮助。

EAP 的个人服务内容主要包括个人心理测评、心理咨询、心理知识培训、心理知识宣传、外部转介与追踪等。

（1）个人心理测评

个人心理测评是指借助心理量表及问卷调查，准确评估员工压力、情绪、活力、抑郁倾向和心理资本等方面的水平，并为每位员工生成个性化报告。报告不仅指导员工如何提升心理健康水平，还会对高心理风险的员工进行预警和提示。员工可以利用这些测评工具掌握自己的心理健康状况，并能够通过不同时段的测评结果进行自我对比和观察。

（2）心理咨询

心理咨询是 EAP 中的核心服务，服务内容涵盖婚姻情感、人际关系、子女教育、工作压力等多个方面，心理专家会针对前来寻求帮助的员工所面临的具体问题，运用短程干预等有效方法帮助他们克服心理困扰。

（3）心理知识培训

心理知识培训是 EAP 的重要服务内容之一，旨在帮助员工掌握沟通技巧以及提升身心健康水平、应对心理困扰和家庭教育问题的方法。培训内容及形式丰富多样，包括集体讲座、互动式工作坊、心理沙龙以及在线视频和音频课程等。员工可以根据个人兴趣和需求，关注企业通知及 EAP 服务机构发布的培训消息，合理安排时间参加培训和学习。

（4）心理知识宣传

EAP 服务机构会通过手机短信、心理书籍、微信公众号等多种渠道向员工宣传各种心理健康知识以及常用的心理学方法和技术，帮助员工活学活用。

（5）外部转介与追踪

在短程心理咨询中，如果发现员工有比较严重的心理问题，如神经症、中重度抑郁症、焦虑症、强迫症或其他精神疾病，EAP 就需要启动外部转介服务，引导员工前往专科医院就诊。在员工无法自行就诊的情况下，EAP 还会协助其亲属或单位提供帮助，并在就医过程中随时跟进了解员工康复情况，并提供适当的心理支持。

55. 抑郁症的常见症状及治疗方法有哪些?

抑郁症是一种情感性精神障碍，以显著而持久的情绪低落、活动能力减退、思维与认知功能迟缓为主要临床特征。抑郁症在现代医学中又被称作抑郁障碍，而在传统医学中它归属于“郁证”范畴。按照《中国精神障碍分类与诊断标准（第三版）》，抑郁症有多种分类方式：根据社会功能损害的程度，可分为轻性抑郁症和重度抑郁症；根据有无幻觉、妄想或紧张综合征等精神疾病性症状，可分为无精神疾病性症状的抑郁症和有精神疾病性症状的抑郁症；根据是否有过另一次抑郁发作的历史（至少 2 个月前），可分为首发性抑郁症和复发性抑郁症。

（1）抑郁症常见症状

1）心境低落。这类症状主要表现为显著而持久的心境低落、悲观、失望、无愉快感。患者往往自我评价低，产生无用感、无望感、无助感和无价值感。部分患者的抑郁心境具有晨重夕轻的节律特点。

2）思维缓慢。这类症状主要表现为思维迟缓、反应迟钝、主动言语减少、语速明显减慢、声音低沉，患者往往感到思考问题困难，致使工作和学习能力下降。

3）意志活动减退。这类症状主要表现为行动缓慢、生活态度被动消极、缺乏动力、不愿与人接触交往，患者常常整日独坐或卧床，不愿参加以往喜欢的活动，甚至可能出现抑郁性木僵的症状。

4）自杀观念和行为。严重抑郁症的患者常伴有消极的观念或行为，极度消极悲观的思想及自责自罪感可能导致患者产生自杀的观念并付诸行动。

5）认知功能损害。抑郁症患者存在认知功能损害，主要表现为记忆力下降、注意力难以集中、反应时间延长、警觉性增高、抽象思维能力差、学习困难、语言流畅性差等。认知功能损害易导致患者社会功能障碍，并且影响患者远期预后。

（2）抑郁症治疗方法

1）药物治疗。抑郁症往往有复发倾向，药物是中度以上抑郁症的主要治疗措施，治疗目的在于控制急性发作和预防复发。

2）物理疗法。物理疗法主要适用于轻中度抑郁症。目前临床上抑郁症的物理疗法主要有电休克治疗、重复经颅磁刺激、经颅直流电刺激、深部脑刺激、迷走神经刺激等。一些新型的物理疗法已在临床测试，如磁休克等。物理疗法大多属于无痛、无创治疗手段，是药物治疗的有力补充，未来将会有更多物理疗法应用于临床治疗。

3）心理治疗。心理治疗主要针对有明显心理社会因素作用的抑郁症，是一种重要的治疗手段。常用的心理治疗方法包括支持性心理治疗、认知行为治疗、人际治疗、婚姻和家庭治疗、精神动力学治疗等，其中，认知行为治疗对抑郁症的疗效得到公认。心理治疗可以与其他疗法联合使用，以获得更好的治疗效果。

4）其他疗法。除上述几种方法外，抑郁症治疗还有其他方法，如音乐疗法、针灸疗法等。音乐疗法是一种使用音乐来促进身心健康和提高社交能力的治疗方法；针灸治疗以疏通经络、补气养血为目的，可以很好地改善患者精神状态。

56. 强迫症的常见症状及治疗方法有哪些?

强迫症（obsessive-compulsive disorder，OCD）是一种病因复杂且有严重致残性的精神障碍，其主要临床表现为反复出现的侵入性想法或重复行为。据统计，强迫症在我国的终生患病率约为2.4%。强迫症患者的担忧与所采取的预防措施往往缺乏逻辑联系，如将物品排列整齐是为了防止人受到伤害等，或者明显超过了正常界限，如每天采取过度清洁行为来防止生病。

（1）强迫症的常见症状

1）强迫观念。强迫观念是指反复出现在患者意识领域的持续存在的思想、观念、表象、情绪、冲动或意向，这些观念对患者来说没有现实意义，且违背其个人意愿。患者明知这些观念是不必要的，但依然试图忽略、压抑或用其他思想、动作来对抗，且因无法摆脱这些观念而感到苦恼和焦虑。随着病程的进展，有些患者的抵抗意愿可能会逐渐减弱。

2）强迫行为。强迫行为是指强迫症患者通过重复性行为或仪式性动作，阻止或减轻强迫观念引发的焦虑和痛苦，常继发于强迫观念。这种行为通常被认为是无意义或无效的，患者虽然反复企图加以抵抗但往往无效，导致明显焦虑。虽然强迫行为并非为了获得快感，但是它们可以暂时缓解患者的焦虑或痛苦。有的强迫行为表现为外显性，有的则较为隐匿，如默默计数或祷告等。从根本上讲，这些行为既不能给人以愉悦感，也无助于任务的完成。

（2）强迫症的治疗方法

1）心理动力学治疗。心理动力学治疗强调通过顿悟、改变情绪经验以及加强自我认知的方法来解析和处理各种心理矛盾冲突。在治疗过程中，治疗者会大量运用阐释、移情分析、自我联想以及自我重建等技术来帮助患者达到治疗目的。

2）行为治疗。在强迫症治疗上，行为治疗分为两个基本流派。第一种流派的观点认为强迫症患者借助于各种行为和仪式动作来缓解焦虑，称为“驱力降低模型”。依照这一模型，治疗者主要集中于创造可以减少患者焦虑的情境来消除不适当的行为与仪式。第二种流派的观点是基于操作模型而进行治疗的，强调对强迫行为的后果进行调节，因此可能涉及大量运用惩罚和示范学习等技术。

57. 社交恐惧症的常见症状及治疗方法有哪些?

社交恐惧症是神经症的一种，主要表现为过度恐惧社交场合，这种反应使患者在意识到其不合理性时仍反复出现，发作时常常伴有明显焦虑，患者通常会极力回避社交活动从而影响其正常生活。大多数社交恐惧症可以治疗，且对寿命影响不大。社交恐惧症容易迁延不愈，而且病程越长，预后越差。

（1）社交恐惧症的常见症状

社交恐惧症患者在面临被关注或被评论的社交场合时，会产生过度的焦虑感。患者倾向于回避这些场合，如果无法回避，则可能表现为难以融入环境，如躲避交谈、远离人群或选择坐在最不显眼的位置，甚至只是想象可能遇到的社交场合也会引起严重的焦虑反应。这些社交场合包括餐馆、食堂、晚宴、研讨会、董事会等任何患者感到会被他人观察的场合。

有些患者可能会对很多社交场合都感到焦虑，这被称为广泛性社交焦虑。而另一部分患者只对特定的社交环境感到焦虑，如在公共场合发言、在他人面前写字或演奏乐器等。

（2）社交恐惧症的治疗方法

1）认知行为疗法。此疗法的理论依据是：想要适应不良行为和情感，首先要找出不良认知；想要克服社交恐惧，首先要明白恐惧的是什么。此疗法旨在帮助患者识别和改变不合理的恐惧观念，通过调整思维方式来减轻其焦虑情绪。

2）提高社交技能。害怕社交的人多半比较内向，因此应注意锻炼自己的社交能力。尤其是青少年，可以多参加体育、文艺等集体活动，尝试主动与同伴或陌生人交流，在交流中逐渐克服羞怯、恐惧感，培养开朗、乐观、豁达的性格。

3）辅助性心理治疗。患者可以与亲友倾诉自己的恐惧感和寻求应对策略，这种倾诉和支持有助于减轻心理负担。而亲友们的支持与鼓励也很有帮助，但是很多人仍需要寻求专业人士的协助来治疗社交恐惧症。

58. 选择恐惧症的常见症状及治疗方法有哪些？

选择恐惧症也称作选择困难症，表现为在面临选择时感到异常艰难，难以作出决定。这种心理现象往往源于不自信、逃避责任的心态，以及缺乏自立意识、害怕失败。患有选择恐惧症的人面对选择时会感到恐慌、惊慌失措，甚至产生生理反应，如汗流浃背等，最后还是无法选择，导致对于选择产生一定程度的恐惧。选择恐惧症并非心理医学上的专有疾病名称，但它可能伴随焦虑、抑郁等心理症状的出现。

（1）选择恐惧症的常见症状

1）过度担忧和犹豫。患者在作出决策时可能会经历过度担忧，反复权衡各个选项的利弊，产生强烈的犹豫感。

2）害怕犯错误。患者通常害怕作出错误的决定，这种担忧可能导致他们畏惧作出决策。

3）生理症状。患者在决策过程中可能出现身体上的症状，如心搏加快、呼吸急促、头痛、肌肉紧张等。

4）决策后悔。即使作出了决策，患者仍然可能会陷入对决定的不断反思和后悔之中。

5）过分在意他人评价。患者害怕他人对自己的决定作出负面评价，担忧他人会因为自己的选择而失望或提出批评。

（2）选择恐惧症的治疗方法

1）认知行为疗法。认知行为疗法是一种常用于治疗焦虑障碍的心理疗法，它通过帮助患者认识和改变负面思维模式，以逐步学会面对与决策有关的情境来减轻症状。

2）药物治疗。在一些情况下，心理医生可能会考虑使用抗焦虑药物或抗抑郁药物来缓解症状，这通常是在心理疗法无法

有效减轻症状时的选择。

3）决策技能训练。专门的训练可以帮助患者提高决策技能，学会更有效地作出决策。

4）支持团体和心理教育。参加支持团体可以让患者分享彼此经验，并从他人的成功经验中学到应对策略，心理教育也有助于患者理解和应对选择恐惧。

治疗的具体选择应该根据患者症状严重程度、个体需求以及专业医生的建议来确定。一般而言，心理疗法和药物治疗结合是最有效的方法。

59. 创伤后应激障碍的常见症状及治疗方法有哪些?

创伤后应激障碍（post-traumatic stress disorder，PTSD）是指个体在遭遇或目睹重大压力事件后，心理状态产生的失调反应。这些事件包括生命遭到威胁、遭受严重物理性伤害、经历身体或心灵上的胁迫等。有时也被称为创伤后压力反应（post-traumatic stress reaction），以强调这是经历创伤后所产生的正常心理反应，而非病患心理状态原本有问题。

（1）PTSD 常见症状

PTSD 的核心症状有三组，即创伤性再体验症状、回避和麻木类症状、警觉性增高症状。

1）创伤性再体验症状。患者以各种形式重新体验创伤性事件，如驱之不去的闯入性回忆，梦中反复再现创伤情景，甚至产生与创伤性事件相关的生动体验；有时患者出现意识分离的现象，持续时间可从数秒到几天不等，即所谓“闪回体验”，此时患者仿佛再次身临创伤性事件的情境，重新体验事件发生时的各种情感。患者面临或接触与创伤性事件相关联或相似的情景时，会出现强烈的心理和生理反应。

2）回避和麻木类症状。在创伤性事件后，患者对创伤相关的刺激存在持续性回避，回避的对象包括具体的场景与情境，有关想法、感受及话题等。对创伤性事件的某些重要内容失去记忆也被视为回避的表现之一。同时，患者可能还有“心理麻木”或“情感麻痹”的表现，在整体上给人以木讷、淡然的感觉，自觉对任何事情没有兴趣，对过去热衷的活动同样兴趣索然，感到与外界疏远隔离甚至格格不入，不与他人接触。

3）警觉性增高症状。患者表现为自发性高度警觉状态，如难以入睡、易受惊吓注意力难以集中等，并可能伴随自主神经症状，如心慌、气短等。

（2）PTSD 的治疗方法

1）心理治疗。对于 PTSD 初期患者，主要采用危机干预的原则和技术，侧重提供支持，提高患者心理应对技能，并帮助他们表达和宣泄情感。及时的治疗对良好预后具有重要意义。

对于慢性和迟发性 PTSD 患者的治疗，除了特殊的心理治疗技术外，争取社会支持是非常重要的，家属和同事的理解可以为患者提供最大的心理安慰。

2）药物治疗。抗抑郁药物是治疗各个时期 PTSD 的常见选择，尤其在各个时期能够取得较好效果。其他药物包括抗焦虑药物、镇静剂、锂盐等，也可作为辅助治疗手段。

3）心理治疗合并药物治疗。心理治疗结合药物治疗的方法通常比两种方法单用的效果更佳。在治疗前期应采用心理治疗以建立良好的医患关系；在药物取得一定疗效的基础上，结合认知心理治疗，可能会取得更好的治疗效果。

60. 什么是认知行为疗法？其适用病症有哪些？

认知行为疗法（cognitive behavioral therapy，CBT）是一种经典的心理治疗方法，它通过改变不良思维、信念和行为，从而消除不良心理倾向或行为。这种疗法在临床实践中被证明是有效的，广泛应用于抑郁、焦虑、失眠等多种心理健康问题的临床治疗。

（1）认知行为疗法的类型

认知行为疗法分为认知加工疗法、认知疗法、辩证行为疗法、理性情绪行为疗法、基于正念的认知疗法等。每一种疗法都有其特定的应用范围和治疗重点。

（2）认知行为疗法的步骤

1）评估谈话。治疗者会与患者进行深入的交流，了解患者的问题，旨在建立患者的认知概念化模型。

2）第一次治疗。治疗者会开始实施具体的治疗策略，帮助患者识别和解决问题。

3）随着治疗的深入，治疗者会引导患者逐渐学会管理自己的情绪和行为，以达到长期治疗效果。

（3）认知行为疗法的适用病症

1）抑郁症。认知行为疗法对于治疗轻中度抑郁症非常有效，能够帮助患者识别和改变负面的思维模式，推动积极行为改变，从而有效缓解抑郁症状。

2）焦虑症和恐惧症。认知行为疗法被广泛用于治疗各种焦虑症，如广泛性焦虑障碍、社交焦虑症和恐慌症等。通过认知重组和暴露疗法等技术，认知行为疗法帮助患者减少对恐惧和焦虑的过度反应，提高应对能力。

3）创伤后应激障碍。认知行为疗法其中的一种形式称为创伤焦点认知行为疗法，已被证明对治疗创伤后应激障碍有效。它结合了认知技术和暴露疗法，帮助患者逐步克服创伤带来的心理阴影。

4）强迫症。认知行为疗法中的暴露疗法与反应预防方法是治疗强迫症的首选方法。通过逐步将患者暴露于引起强迫症状的刺激下，并阻止其进行强迫行为，有助于减轻强迫症状。

61. 灾后心理援助治疗的常见方法有哪些？

灾后心理援助治疗是在自然灾害、事故灾害或紧急情况后，为受灾者提供必要心理支持和治疗的一种心理健康服务。以下是一些常见的灾后心理援助治疗方法。

（1）心理急救

心理急救是在紧急情况下为受灾者提供即时的、短期的心理支持的方法。其目的在于稳定受灾者的情绪、减轻受灾者的焦虑，并帮助他们有效应对当前的困境。

（2）个体心理治疗

受灾者通过与心理卫生专业人员的一对一会谈来处理灾难后的心理困扰。这有助于他们理解和应对自己的情绪反应，并获得个性化的心理支持。

（3）群体心理治疗

群体心理治疗是通过组织小组会议或支持团体，让受灾者有机会分享彼此的经历、感受和应对策略，以建立团体凝聚力，促进他们之间互相支持。

（4）家庭治疗

灾难可能对家庭关系造成影响，因此家庭治疗显得尤为重要。它可以帮助家庭成员共同应对困境，促进沟通、增进团结。

（5）心理教育

向受灾者提供关于心理健康、应对压力和情绪管理的知识，以增加他们的心理韧性，提高应对能力。

（6）身体运动和放松技术

运动、深呼吸、渐进性肌肉松弛等身体运动和放松技术可以帮助受灾者缓解身体上的紧张感，促进心理和生理的平衡。

（7）艺术治疗

受灾者可以通过绘画、音乐、舞蹈等艺术形式表达内心感受，这有助于情绪释放和心理康复。

（8）认知行为疗法

认知行为疗法是一种常用于治疗焦虑和抑郁等心理问题的方法，通过帮助受灾者认识并改变负面的思维和行为模式，以促进其心理健康。

（9）药物治疗

在一些情况下，医生可能会考虑使用药物来缓解受灾者的心理症状，如严重的焦虑或抑郁症等。

上述方法既可以单独应用，也可以结合使用，具体的选择取决于受灾者的需要、症状的严重程度以及可用资源。在提供灾后心理援助治疗时，关键是根据受灾者的具体情况和需求进行个性化评估和干预。

62. 药物治疗与精神治疗如何结合?

药物治疗与精神治疗是两种常用于治疗心理健康问题的方法，它们可以单独使用，有时也可以结合使用，具体的选择取决于个体的症状、病史和治疗需求。

（1）药物治疗与精神治疗的结合治疗

1）结合治疗效果显著。有些心理健康问题可能更适合采用药物治疗和精神治疗相结合的方式，这种结合治疗方法通常对于抑郁症、焦虑症、精神分裂症等症状复杂的疾病效果显著。

2）药物缓解急性症状。药物治疗可以迅速缓解一些急性症状，如严重的抑郁或焦虑。这有助于提高患者的心理健康水平，为后续的精神治疗打下良好基础。

3）精神治疗提供长期支持。精神治疗侧重于帮助患者掌握处理负面思维和行为模式的技能。它的目标是通过认知重组、行为技能培养等方式，使患者更好地应对生活中的挑战，为其长期心理健康提供支持。

（2）单独使用药物治疗或精神治疗

1）药物治疗的适用性。在一些情况下，药物治疗可能是治疗的首选或唯一选择。例如，对某些严重的精神疾病，药物可能是稳定症状的必要手段。

2）精神治疗的独立作用。对于某些轻度到中度的心理健康问题，精神治疗可能足以应对。它可以帮助患者建立更健康的思维和行为模式，无须使用药物即可取得良好的治疗效果。

总之，药物治疗和精神治疗在许多情况下可以相辅相成，形成综合治疗方案。然而，对于某些疾病，可能只需一种治疗方式也能够取得良好效果。在选择治疗方式时，由专业的心理卫生专业人员根据具体情况评估和制定治疗方案。最终的治疗决策应该是基于患者的个体需求和专业意见作出的综合考量。

63. 完成心理治疗后如何确保持续的心理健康？

虽然心理治疗有助于减轻症状并促进患者回归正常生活，但如何确保持续的心理健康并预防问题复发也是值得关注的问题，以下是四个保持健康心理状态以及预防问题复发的建议。

（1）建立健康的生活方式

建立健康的生活方式是预防心理健康问题复发的基石。这包括养成良好的饮食习惯、保证充足的睡眠、进行定期的锻炼以及避免如酗酒、吸烟等不健康的生活方式。这些健康的生活方式有助于患者缓解压力，减轻焦虑和抑郁情绪，从而有效预防心理健康问题的复发。

（2）持续接受心理治疗

持续接受心理治疗是预防心理健康问题复发的重要措施。心理治疗可以帮助患者了解和控制自己的情绪和行为模式，提升自我认知和自我控制能力，还可以帮助患者建立健康的社交关系并保持积极的生活态度，从而降低心理健康问题复发的风险。

（3）有效应对压力和负面情绪

学会有效应对压力和负面情绪是预防心理健康问题复发的重要方式。患者应该学习放松技巧，如深呼吸、冥想和瑜伽等，避免过度的压力和负面情绪。患者还应该学会积极应对挑战和压力，从而减少心理健康问题复发的可能性。

（4）保持积极态度和乐观情绪

保持积极态度和乐观情绪是维护心理健康、预防心理健康问题复发的重要因素。患者应该学会关注积极事物，避免过度沉浸在负面情绪和思维中；还应该学会寻找乐趣和快乐，保持积极的社交关系。这些都可以帮助患者保持健康心态，减少心理健康问题复发的风险。

四、心理健康与工作效率

64. 心理健康对工作效率有何影响?

在现代高速发展的社会中，工作效率成为人们追逐的重要目标之一。然而，许多人往往忽视了心理健康对工作效率的重要影响。事实上，一个人的心理状态直接关系到他们在工作中的表现和成就。

（1）正面影响

1）增强专注力。心理健康状态良好的职工更容易保持注意力集中，并且更加专注于任务。他们可以清晰地思考问题，有效地处理复杂情况，并制定切实可行的解决方案。因此，他们能在相同时间内完成更多高质量的工作。

2）提高动力和积极性。心理健康状态稳定的职工通常表现出更高的积极性和工作热情，他们对待工作充满激情并主动寻求进步和成长机会。这种积极态度有助于职工在面临挑战时保持乐观、持续努力，并以更高效率应对各种困难。因而，他们的工作成果往往更加突出。

3）提升创造力。心理健康对于释放创造力有着积极影响。一个内心平静的职工更容易进入最佳工作状态，思维灵活，更能够产生独到的见解和创意。他们更愿意尝试新想法和新方法，并乐于与团队合作，从而在工作中注入新鲜感和活力。

4）提高决策质量。心理健康状态良好的职工在决策时通常能保持冷静客观，充分权衡利弊。相比之下，那些处于精神紧张或焦虑状态的职工往往容易作出不理性或草率的决策。因此，关注心理健康可以帮助职工更好地评估情况，作出明智、正确的选择。

（2）负面影响

1）降低集中力和记忆力。当职工处于压力或抑郁状态时，注意力容易分散且记忆力减弱。这可能导致他们在工作过程中遗漏细节、频繁出错，并且需要花费更多时间才能完成任务。在这种情况下，工作效率自然会受到严重影响。

2）增加工作错误率。心理健康状态不佳的职工更容易出现疏忽和马虎的情况，导致工作错误增多。他们可能会忽略重要部分、无视细节或基于情绪作出冲动性行为。这些错误不仅会影响个人工作表现，甚至可能对整个团队或组织造成负面影响。

3）降低工作效率和产能。当职工受到压力、焦虑或抑郁等心理问题的困扰时，大脑功能和思维效果会下降，工作效率也随之降低。这意味着他们需要花费更多时间和精力来完成相同的任务，进而降低了整体产能。

65. 如何通过改善心理健康状态提高工作效率？

改善心理健康状态是提高工作效率的关键因素之一。为此，可以通过以下方法提高心理健康水平，进而提高工作效率。

（1）保持积极乐观的心态

培养积极乐观的心态有助于增强心理韧性，使我们更好地应对生活和工作中的挫折与压力。鼓励职工树立艰难时期也能迈向成功的信念，并学会以积极的方式思考问题，寻找有效的解决方案。

（2）寻求支持

如果感觉心理压力过大或情绪低落，应及时向家人、朋友或专业心理咨询师寻求支持。一个健康的社交网络和有效的沟通模式可以缓解心理压力，提高情绪稳定性，进而有助于维持良好的工作状态。

（3）保持身心健康

经常参加适当的体育锻炼有助于释放压力，提升身体免疫力，并提高睡眠质量。此外，保持合理饮食、避免过度疲劳以及培养良好的生活习惯也对心理健康至关重要。一个健康的身体是维持良好心理健康状态的基础。

（4）保持工作与生活的平衡

追求工作与生活的平衡是维持良好心理健康状态的关键。设定合理的工作目标和实施有效的时间管理，确保每天有足够时间休息和自我调整。这样可以更好地应对工作中的挑战，并防止过度劳累导致心理健康问题。

（5）建立积极的工作环境

在工作中应努力营造积极的环境，包括个性化的工作空间和良好的同事关系。一个积极的工作环境可以提高我们对工作的投入度和满意度，进而促进工作效率的提高。

（6）注重自我认知

不断反思和提高自我认知水平，深入了解自己的情绪和压力源。通过深入了解自己，我们可以更容易找到改进和调整的方向，从而更好地管理自己的情绪和压力。

（7）定期休息和度假

定期安排休息和度假时间，以缓解工作压力并保持身心平衡。这有助于恢复精力，提高工作效率和创造力。

（8）参与有趣的活动

积极培养自己的兴趣爱好并参与娱乐活动，这有助于提高整体的生活满意度和工作动力。将愉悦身心的活动融入日常生活，促进心理健康的提升，使我们更加积极地面对工作和生活。

66. 心理健康与创新思维有何关系？

心理健康与创新思维之间存在密切关系，两者相互促进、相辅相成。职工在良好的心理健康状态下更容易展现创新思维，而创新思维本身也有助于维护和促进心理健康。二者关系主要表现为以下六个方面。

（1）创新思维有助于提高解决问题的能力

创新思维是一种能够独创性地解决问题的思考方式。在良好的心理健康状态下，职工更能够运用创新思维来灵活应对各种挑战，从而有效减轻负面情绪对解决问题过程的影响。

（2）心理健康为创新思维提供创造性的心理空间

在心理健康状态良好的情况下，职工更容易拥有积极情绪和乐观态度，从而为创新思维提供更为宽松、自由的心理空间。心理健康的职工更愿意接受新观念，从而更有可能产生创新性思考。

（3）创新思维有助于减轻工作压力

创新思维可以帮助职工更好地适应和应对工作中的变化，缓解由于工作压力和挑战而引发的负面心理状态。相反，过度的压力和负面情绪可能抑制创新思维的发展，形成恶性循环。

（4）心理健康能够提高对冒险的接纳度

创新常常伴随着冒险和不确定性，而心理健康的职工更能够坦然面对这些挑战，从冒险中获得成长的机会。积极的心理状态可以促使职工更勇于尝试新思路和新方法，从而推动创新的发生。

（5）创新思维能够提升适应能力

在快速变化的环境中，适应能力对于创新至关重要。心理健康有助于职工更好地应对变化，而创新思维使其更有可能在不断变化的环境中找到新机会和可能性。

（6）创新思维能够促进团队协作与沟通

心理健康的职工更容易与他人建立积极有效的关系，从而促进团队协作与配合。团队合作是激发创新思维的关键，通过不同观点的交流和整合往往会激发出创新性想法。

67. 工作焦点与心理健康有什么关系?

工作焦点与心理健康密切相关、互相影响。二者关系主要表现为以下几个方面。

（1）工作效率与自信心

专注于工作焦点有助于提高工作效率，使职工顺利地完成任务。成功的体验不仅可以增强个体的自信心，还会对心理健康产生积极的促进作用。

（2）任务完成度与成就感

有清晰工作焦点的职工更容易集中精力完成任务，进而取得工作成就。这些成就带来的满足感和自豪感有助于提升职工的心理健康水平，增强其对工作的热情与投入。

（3）压力应对与情绪管理

清晰的工作焦点有助于职工更好地应对工作压力与挑战。通过集中注意力解决问题，职工能够更好地管理情绪，减轻焦虑和压力。

（4）工作满意度与幸福感

专注于工作任务使职工更容易感受到工作的意义和价值，从而提高工作满意度。工作满意度与心理幸福感呈正相关关系。

（5）错误减少与自尊心

有明确工作焦点的职工会更加谨慎、细致地执行任务，更容易避免工作中的错误和失误，这有助于提升其在工作中的自信和职业满意度。

（6）时间管理与工作和生活平衡

清晰的工作焦点有助于职工更好地管理时间，避免工作中浪费时间和精力。良好的时间管理有助于职工维持工作和生活的平衡，减轻工作压力，对心理健康有积极影响。

（7）自我激励与目标实现

有清晰工作焦点的职工更容易自我激励，积极追求个人和职业目标。实现目标对于心理健康的积极影响在于给予职工成就感和持续前进的动力。

（8）团队协作与社交支持

专注于工作焦点有助于提高职工在团队中的表现能力，促进团队协作和沟通。良好的社交支持网络是心理健康的重要保障因素。

综上所述，工作焦点与心理健康之间紧密关联。专注于清晰的工作焦点，职工能够更好地应对工作压力，提高工作效率，增强自信心，促进心理健康的全面提升。

68. 心理健康与决策能力有什么关系?

心理健康与决策能力之间存在紧密联系，职工的心理健康状态能够直接影响其决策过程和决策结果。心理健康与决策能力的关系主要表现在以下几个关键方面。

（1）情绪稳定性与决策质量

良好的心理健康状态有助于维持情绪的稳定和平衡，这对于提升决策质量至关重要。心理健康状态良好的职工更能在决策过程中保持冷静和理性，更全面地分析信息，从而作出明智且理性的决策。

（2）焦虑和压力对决策的干扰

强烈的焦虑和压力可能影响职工的决策能力。负面情绪会扰乱思维过程，降低对信息的理性处理能力，导致决策的不准确性和低效性。

（3）自信心与决策果断性

心理健康状态良好的职工通常更有自信，这有助于他们更果断地作出决策。自信心使个体更倾向于接受挑战，更有勇气在不确定的情境中也能迅速作出决策，从而促进积极决策的过程。

（4）适应性与决策灵活性

良好的心理健康状态培养了适应性和灵活性，使职工能够更灵活地在不同情境下迅速调整决策目标和策略。灵活性是适应快速变化环境的关键，对于决策的有效性至关重要。

（5）目标设定与长远规划能力

心理健康状态良好的职工更容易设定明确的目标并制订长远规划。这种目标意识和规划能力有助于确保决策符合整体生活方向，促进更有意义的、长期的决策的制定。

（6）信息处理与注意力集中程度

心理健康状态会影响职工对信息的处理方式和注意力的集

中程度。焦虑和抑郁等心理健康问题可能会导致信息被过度解读或注意力分散，进而影响决策的全面性和准确性。

（7）社交影响与合作决策能力

良好的心理健康状态有助于建立积极的社交关系，这在团队和合作决策中尤为重要。积极的社交关系能够促进良好的沟通和合作，有助于制定共同的决策目标和策略，提高整体决策质量。

总体而言，心理健康状态对于决策能力有着深远影响。保持良好的心理健康状态有助于提高决策的理性、果断性和全面性，使个体更能应对各种挑战和变化，作出更明智的决策。

五、特殊情境下的心理健康

69. 容易引起心理健康问题的场景有哪些?

现实中存在的一些场景和情境可能会引起个体心理健康问题，这些场景和情境可能对个体的情绪、心理状态和整体幸福感产生负面影响。以下是容易引起心理健康问题的一些典型场景和情境。

（1）工作压力过大

长期面临高强度的工作要求、超负荷的工作量、紧迫的截止日期以及职业生涯的不确定性等，都可能导致个体承受巨大的工作压力，进而增加其焦虑和抑郁的风险。

（2）人际关系问题

与家人、朋友或同事之间的冲突，持续的孤独感以及社交隔离等问题，都可能对个体的心理健康产生显著的负面影响。

（3）财务困扰

经济不稳定、沉重的债务负担等财务问题，可能导致个体长期处于焦虑和忧虑之中，加重个体的心理负担。

（4）生活变故和损失

如失业、离婚、亲人去世等生活中的巨大变故和损失，都可能触发个体的心理健康问题，如抑郁和长期悲伤情绪。

（5）社会孤立

缺乏社会支持、感觉孤立无援，都可能引起个体在情感上疏远他人，进而导致心理健康问题加重。

（6）身体健康的困扰

慢性疾病、长期疼痛、身体残疾等身体健康问题，不仅会影响个体的生活质量，还可能对心理健康产生负面影响，加重个体的压力和焦虑。

（7）社会不公正感

对社会不公正、歧视、不平等的深刻感知可能引发个体的愤怒、沮丧和对未来的担忧，从而导致心理健康问题的出现。

（8）恐怖事件和创伤

曾经经历过恐怖事件、自然灾害、暴力事件等的个体，可能患有创伤后应激障碍等心理问题，需要特别关注和帮助。

这些场景往往不是孤立存在的，可能相互交织，对个体心理健康产生复杂而深远的影响。因此，重要的是对这些场景进行有意识的判断，并采取积极的心理健康保护措施，如寻求支持、采用有效的应对策略以及定期进行心理健康检查等，以维护个体的心理健康和幸福感。

70. 远程工作对心理健康有什么影响?

随着科技的飞速发展和互联网的广泛普及，越来越多的企业开始采取远程办公模式。这种办公模式为职工带来了诸多便利，如节省了通勤时间、提高了工作灵活性等。然而，远程办公模式也在一定程度上对职工的心理健康产生了影响，主要体现在以下五个方面。

（1）远程办公可能增加职工的孤独感

与传统办公环境不同，远程办公意味着职工将在大部分时间独自工作，缺乏同事的陪伴和面对面的交流，职工可能会感到孤独和孤立，进而导致职工的情绪低落和社交能力下降。

（2）远程办公可能导致职工的工作与生活边界模糊

对于远程办公的职工而言，家和办公室往往是同一个地方。这使得他们更难以区分工作时间和非工作时间。长时间面对计算机屏幕，没有明确的上班和下班界限，职工可能陷入持续工作的状态，从而加重工作压力，甚至影响到职工的休息和睡眠质量。

（3）远程办公可能给职工带来心理压力和焦虑

相对于传统办公环境，远程办公在没有直接监督的情况下，通常要求职工具备更高的自我驱动力和自我管理能力，职工需要独自完成工作任务，并保持高效、准时交付。这对于一些缺乏自律的职工来说可能是一个挑战，他们可能会因为担心工作任务的完成质量和进度而感到压力和焦虑。

（4）远程办公可能加剧职工的工作压力

在远程办公环境中，职工往往需要承担更多的工作量和责任。由于缺乏传统办公室的各种社交互动和面对面讨论的机会，职工可能需要更多地自主完成工作任务。因此，他们可能会感到压力倍增，处理多项任务时难以分身。

（5）远程办公可能影响职工的职业发展

相比于在传统办公环境中与同事们面对面交流和共同合作，

远程办公可能会减少职工与同事和领导之间的接触机会。这可能会限制职工建立职业关系和发展职业机会的能力。

71. 如何应对工作中的冲突和心理压力？

在工作中，工作上的冲突和心理压力是难以避免的，可以从以下七个方面进行应对。

（1）保持冷静

当出现冲突或感到心理压力时，首先要做的是保持冷静，不要让情绪影响你的判断和行动。深呼吸、冷静思考，尽可能客观地看待问题。通过保持冷静，你可以更好地分析问题，并避免作出冲动决定。

（2）找出问题的根源

在处理工作中的冲突和缓解心理压力时，要深入探究问题的根源，了解问题的起因和背景。尽可能与相关人员交流沟通，收集更多的信息，这样可以更准确地找出问题的根本原因，从而更有针对性地解决问题。

（3）积极寻找解决方案

在面对冲突和压力时，需要积极寻找解决方案。通过分析问题，考虑多种解决方法，直至制定最适合的解决方案。这样不仅可以更有效地解决问题，还能减轻压力，防止冲突再次发生。

（4）加强沟通和合作

沟通和合作是处理冲突的关键。通过沟通和合作，可以更好地理解对方的观点和需求，并找到双方都能接受的解决方案。通过积极的沟通和合作，可以缓解紧张局面，避免问题扩大化。

（5）寻求支持

当感到无法独自应对冲突和心理压力时，可以寻求支持，可以向同事、上级或专业人士寻求帮助和建议，以新的视角和有用的资源，促进问题得到更好处理。

（6）提升自我管理能力

自我管理能力也是处理冲突和减轻心理压力的重要方法。通过有效的时间管理和情绪管理，可以更好地控制自己的情绪和行为，更高效地规划时间，避免过度压力，保持良好的心态，以更好的状态应对挑战。

（7）持续学习和成长

在面对冲突和心理压力时，也要不断学习和成长。通过参加培训、阅读相关书籍和借鉴他人的经验教训，我们可以不断提高自己处理问题的能力和技能，更好地应对工作中的挑战和压力，实现个人和职业的持续发展。

总之，处理工作中的冲突和缓解心理压力需要一定的技巧和方法。通过上述方法和技巧，我们可以更好地解决工作中的冲突和缓解心理压力，提高自己的能力和素质，实现职业成功和个人成长。

72. 在经济不景气时如何保持心理健康？

经济不景气导致生产型企业订单减少，进而使得职工收入减少。职工开始变得心情烦躁、情绪不好甚至引发心理健康问题。在这种情况下，保持一种健康的心态尤为重要，以下为此情境下保持心理健康的主要措施。

（1）分散注意力

分散注意力，投身于自己喜爱的事情，是解决心理健康问题的最佳方法。这有助于让大脑保持活跃，将注意力从压力源上转移，从而带来一种轻松愉悦的感觉。

（2）提高睡眠质量

许多人存在睡眠问题，有的甚至患有严重的失眠症。睡眠

时间的不足会导致情绪低落、注意力不集中等其他心理健康问题。因此，每天应保证至少 7 个小时的高质量睡眠，以保持良好的心理健康状态。

（3）选择健康食物

饮食质量对身体健康具有显著影响，而身体健康状态直接影响心理健康状态。因此，应选择富含营养并有助于维持大脑健康的食物，避免摄入过多的加工食品和快餐，并在日常饮食中尽量增加蔬菜的摄入量。

（4）增强自信心

增强自信心对于心理健康至关重要。自信的人往往拥有更好的社会关系和更满意的生活，而缺乏自信的人则更容易遭受负面情绪和其他心理问题的困扰。

（5）培养感恩之心

有心理健康问题的人往往过于关注自己生活中的消极方面，这使他们陷入更加沮丧的状态。为了摆脱负面情绪，应对生活中的所有美好事物心存感激，特别是对他人的帮助更要表达感谢。同时，还要尽自己所能去帮助他人，服务社会。这将让自己以更加积极的心态面对生活，促进心理健康。

（6）坚持锻炼

运动是释放压力的有效方法，定期锻炼可使人保持身体健康，并有助于分泌多巴胺等快乐激素，从而改善心情，有利于心理健康。

（7）增加户外活动

每周都应安排一定的户外活动时间。户外的新鲜空气和阳光有助于身体合成维生素 D，对心理健康非常有益。人是大自然的一部分，融入大自然时可以缓解压力，促进身心健康。

心理健康问题会有很多表现，如绝望、情绪波动、注意力不集中和精力不足等。除以上方法外，摆脱心理健康问题还有很多方法，例如，与朋友和家人交流、表达和分享情感等也有助于释放压力并放松心情。

73. 如何处理工作与家庭的冲突以维持心理健康？

随着现代工作和生活节奏的加速，使得我们很难在工作和家庭之间找到平衡，这往往会对身心健康产生不良影响。以下是一些处理工作和家庭冲突的常用方法。

（1）合理规划时间

确定工作和生活的重点，合理安排时间，确保为家庭和个人生活留出足够的时间。

1）制定清晰的目标。确保目标明确具体，将大目标分解为小目标，以便于管理和执行。

2）制订详细的计划和安排。根据目标和任务，制订详细的计划和安排，并使用日历、待办事项列表等一些时间管理工具来记录和跟踪任务，确保每项任务都有足够的时间完成。

3）明确任务的优先级。确定什么是最重要、最紧急的事情，并将其放于首要位置。为每项任务设置优先级，以确保优先处理最重要的事情。

4）合理安排休息和娱乐时间。在工作计划中留出足够的时间来休息和恢复精力，多与家人和朋友交流，培养多样化的兴趣爱好，以缓解工作压力和提升生活乐趣。

5）克服拖延习惯。努力克服拖延症，尽早开始任务，将大任务分解为小任务，并以每次完成小任务的方式推进大任务，这有助于降低完成任务的压力和焦虑感。

（2）维持健康的生活方式

维持健康的生活方式对于保持平衡和提高生活质量至关重要。

1）健康饮食。保持均衡、多样化的饮食习惯，摄入足够的营养物质。增加蔬果、全谷物、蛋白质和健康脂肪的摄入，减少高糖、高盐和高脂肪的食物摄入。此外，还要合理控制食量，避免过度饮食。

2）定期锻炼。每周应进行适量的体育锻炼，如有氧运动、力量训练和灵活性训练等。锻炼有助于改善身体素质、增强免疫力和调整心态。

3）培养兴趣爱好。培养自己的兴趣爱好，通过对音乐、文化、旅游等方面兴趣的发展，可以充实自己的生活，减轻工作压力。

4）避免不良习惯。摒弃吸烟、过量饮酒等不良习惯，减少咖啡因和糖分的摄入量。

5）管理压力与情绪。学会应对压力，使用一些自我调节技巧，如冥想、深呼吸、放松训练等。同时，充分表达情感，积极寻求社交支持，与他人分享问题和困扰。

（3）学会与家人沟通交流

有效沟通是维持家庭和谐的关键。

1）给予关注和尊重。当家庭成员表达自己的想法和感受时，要给予充分的关注和尊重。即使观点不同，也要保持开放和包容的态度。

2）积极倾听。家庭成员的观点和意见非常重要，要积极倾听并给予合理的反馈，以增进互相理解。

3）正面表达观点。在交流过程中，要用积极的、建设性的方式表达自己的观点和意见，尽量避免指责和批评。

4）坦诚相待。家庭成员之间坦诚相待非常重要，应避免隐瞒和掩饰。遇到矛盾和问题时，应及时解决和沟通，避免问题不断累积。

5）定期安排家庭交流。家庭成员可以定期安排家庭会议或活动，促进家庭成员之间的互动和交流，让家庭关系更加和谐，增强家庭凝聚力。

6）给予肯定和赞美。要善于肯定和赞美家庭成员的优点和成就，让对方感受到被重视和尊重，增强家庭成员之间的情感纽带。

六、有益于心理健康维护的日常习惯

74. 哪些日常习惯对心理健康有益？

无论是在工作中还是在个人生活中，心理健康都至关重要。因此，养成一些日常习惯来维护心理健康，有助于我们更好地保持良好的心理状态，具体可以从以下几个方面着手。

（1）设定目标

设定目标是一种激励自己前进的有效方式。明确想要达到的目标，可以帮助我们更有动力和方向感。

（2）锻炼身体

身体健康与心理健康密切相关。锻炼身体可以促进大脑内多巴胺和内啡肽等神经递质的释放，从而提升情绪状态并增强自信心。建议做好每天规划，留出锻炼时间用于慢跑、游泳、瑜伽等有氧运动。

（3）保持良好的睡眠

睡眠是身心恢复的重要过程，良好的睡眠质量对心理健康至关重要。确保每晚有足够的睡眠时间，并保持固定的睡眠时间表。为了提高睡眠质量，可以营造一个安静、舒适的睡眠环境，避免在睡前过度兴奋和使用电子设备。

（4）建立良好的社交网络

积极的社交关系有助于心理健康。与家人、朋友或同事定期聚会、交流和互动，有助于情感交流和问题解决。通过培养和维护亲密的朋友关系和家庭关系，分享快乐和困难，减轻压力和孤独感。此外，参加社交活动、加入兴趣小组或志愿者团队等也是拓展社交圈、提高幸福感和促进心理健康的有效途径。

（5）保持生活环境的整洁

勤洗衣服、整理收纳和保持房间卫生是维护心理健康的重要方面。

（6）适时调整家居布局和空间环境

可以不时调整家居布局和空间环境，以营造一个舒适宜人的居住空间，确保房间光线充足，以获得美好心情。

（7）培养兴趣审美

每天为自己寻找一些可以欣赏的内容，如浏览美图网站上美好的图片，这有助于提升心情和陶冶情操。

（8）保持学习的热情

在日常生活中，我们至少要保持一件持续学习的事情，通过学习，我们可以不断进步，体验成长的快乐，并增强自我价值感。

（9）合理使用手机

管理好自己的手机，特别要控制自己使用手机的时间，用来安排有益身心的活动。

75. 休息和放松对于心理健康的重要性体现在哪些方面?

休息和放松对心理健康具有不可忽视的重要性，这主要体现在以下四个方面。

（1）有助于减轻压力

在现代社会中，人们面临着来自工作、学习、家庭等各方面的压力，如果长时间处于高压状态下，容易导致焦虑、抑郁等心理问题。适当的休息和放松可以帮助人们缓解压力，让身心得到恢复和调整。

（2）有助于提升情绪状态

当人们处于紧张、焦虑的状态时，情绪容易产生波动，甚至可能出现易怒、暴躁等不良情绪。而休息和放松则有助于平复情绪，使人们感到更加愉悦和满足。例如，进行深呼吸、冥想或简单的放松活动，都有助于改善情绪状态。

（3）有助于提高注意力和记忆力

当人们过度工作或学习时，大脑容易感到疲劳，导致注意力和记忆力下降。适当的休息和放松可以帮助大脑恢复活力，提高注意力和记忆力，从而提高工作或学习效率。

（4）有助于维护良好的人际关系

当人们处于紧张、焦虑的状态时，可能更容易与他人发生冲突或矛盾。而休息和放松则有助于改善人们的心态，使人们更加平和、宽容地与他人相处，从而维护良好的人际关系。

总之，为了维护良好的心理状态，人们应该合理安排时间，确保充足的休息和放松。这可以通过多种方式实现，如参加运动、阅读、旅行、与朋友聚会等，选择适合自己的方式来达到放松和恢复的效果。同时，也要注意避免过度休息和放松，以免陷入懒散和消极的状态。保持适度的休息和放松，有助于人们更好地应对生活中的挑战和压力，保持健康的心理状态。

76. 参与集体活动对心理健康有哪些积极影响?

参与集体活动不仅可以放松身心、培养兴趣爱好，还能增强社交能力，提高身体素质，有效减轻日常生活中的压力。因此，参与集体活动对心理健康有着积极影响，具体体现在以下四个方面。

（1）有助于放松身心，培养兴趣爱好

现代人的生活节奏越来越快，工作压力和生活琐事不断累积。这样的生活状态容易导致人们产生焦虑和紧张情绪。通过参加集体活动，如参加运动队、加入音乐合唱团等，可以使我们暂时抛开烦恼，让身心得到放松，享受集体活动带来的愉悦。同时，集体活动为我们提供了培养兴趣爱好的机会，不仅可以丰富我们的生活，更能激发我们对生活的热情和动力。

（2）有助于提高社交能力

无论是参加比赛、演出还是进行团队合作，都离不开与他人的沟通和交流。通过与他人的互动，我们学会了合作与共赢，提升了团队意识，培养了沟通、协调和解决问题的能力。这不仅对个人成长有益，同时也有助于建立良好的人际关系网络。通过集体活动，我们可以结识到志同道合的朋友，共同分享喜悦和面对困难，彼此间提供支持和帮助。社交能力的提升不仅增强了个人的快乐感，也对心理健康产生了积极影响。

（3）有助于增强身体素质

现代人因为久坐的工作方式以及不规律的饮食习惯，往往缺乏足够的运动量和营养摄入，导致身体状况逐渐变差。通过参与集体活动，可以得到宝贵的锻炼机会。无论是参加运动比赛，还是加入健身俱乐部，都可以有效增强我们的体质，提高我们的肌肉力量和灵活性，增强耐力和代谢能力，从而改善身心健康状况。

（4）有助于减轻日常生活中的压力

无论是工作压力还是生活中的各种困扰，都会对我们的身心健康产生负面影响，而参加集体活动正是一个有效的压力释放途径。在集体活动中与他人共同完成任务，不仅让我们感到更加安全和有依靠，还能通过成员之间的交流与协作，更好地理解任务要求，从而减轻心理负担。

77. 身体锻炼对心理健康有哪些积极影响?

身体锻炼与心理健康之间存在着紧密联系。锻炼是维持身体健康的重要方式之一，但其对心理健康的影响也是不容忽视的。身体锻炼对心理健康有着显著的积极作用，具体体现在以下三个方面。

（1）可以缓解压力和焦虑

身体锻炼能够促使人们身心愉悦，如促进分泌内啡肽和血清素等“快乐激素”，从而减轻紧张和焦虑感。

（2）可以增强自信心和自尊心

通过身体锻炼，人们可以培养毅力和自律性，达到自己设定的目标，感觉身心强健，从而增强自信心和自尊心。

（3）有助于改善情绪状态

进行有氧运动，如慢跑和游泳等，可以刺激身体释放多巴胺，提升幸福感和满足感，从而改善情绪。

78. 良好的饮食习惯对心理健康有哪些积极影响?

良好的饮食习惯和心理健康之间有着密切联系。通过选择健康的饮食，可以为身体提供所需营养，维持血糖平衡，同时对心理健康产生积极影响。良好的饮食习惯对心理健康的积极影响主要体现在以下五个方面。

（1）抗抑郁作用

有相关研究表明，均衡的饮食模式与心理健康之间存在着正向关联，蛋白质、碳水化合物、脂肪、维生素和矿物质等各种营养物质的摄入都与大脑的正常功能密切相关。例如，蛋白质是构成神经递质的重要成分，能够促进神经细胞间的信息传递，维持大脑的稳定状态；碳水化合物是大脑的主要能量来源，摄入足够的碳水化合物可以为大脑提供充足的能量，从而保持心情稳定。此外，“地中海饮食模式”富含橄榄油、鱼类、蔬菜和水果，可以降低抑郁风险。

（2）有助于焦虑和压力管理

良好的饮食习惯在焦虑和压力管理中也起着重要作用。一些研究表明，摄入富含抗氧化剂的食物（如水果、蔬菜、坚果等）和富含镁的食物（如绿叶蔬菜、豆类、全谷物等）有助于减轻焦虑症状。例如，食用富含镁的食物可以帮助身体释放内啡肽，从而缓解压力和焦虑；番茄中的红色色素——番茄红素则能促进脑部多巴胺的产生，提高幸福感；鱼类、亚麻籽、核桃等食物富含Omega-3脂肪酸，适量摄入这些食物可以提高心理健康水平，这是因为Omega-3脂肪酸在大脑中发挥着抗炎和抗氧化作用，有助于维持神经递质的平衡。

（3）有助于维持和提升注意力和认知功能

良好的饮食习惯对于维持和提升注意力与认知功能至关重要。一些食物，如蓝莓、绿茶和深色蔬菜等，富含抗氧化剂和其他有益化合物，这些成分有助于增强注意力和记忆力。此外，良好的血糖控制和适当的脂肪摄入也对大脑功能起着重要的支持作用，确保大脑获得稳定的能量供应和必要的营养物质。

（4）有助于稳定情绪

健康饮食有助于稳定情绪，缓解压力。在现代社会快节奏和高压力的环境下，许多人面临情绪波动和压力过大的问题。富含色氨酸的食物，如鸡蛋、鱼类、奶制品和南瓜等，能够促进血清素的合成，从而提升人的幸福感和平静感；富含维生素C的食物，如橙子、草莓和柠檬等，有助于减少压力激素的分泌，缓解紧张和焦虑情绪。因此，通过选择健康的食物，人们可以有效调整自己的情绪状态，缓解压力，保持心理健康。

（5）有助于社交互动和生活质量提升

饮食习惯是社交中不可或缺的一部分。与家人、朋友或同事一起分享美食，不仅可以增进彼此之间的情感联系，还能促进交流和团结。此外，健康的饮食习惯还能提高个人的生活质量。通过选择高营养价值的食物并合理搭配饮食，人们能够提高身体的活力和免疫力，减少生病的概率，进而享受更充实、更有意义的生活。

七、提高心理韧性

79. 什么是心理韧性?

心理韧性是指个体面临挫折、压力等负面生活事件时，所展现出的特征或应对能力。这一概念可以从三个不同角度进行解读。

（1）结果取向

结果取向观点强调个体在面对破坏性事件时，保持身心稳定和积极情绪的能力，注重个体在事件发生后的状态。

（2）品质取向

品质取向观点强调高心理韧性的个体在困境状态中能够更快速地复原。这种观点认为，心理韧性并非固定不变的特质，因为当情境发生变化时，即使是曾经能够成功应对困境的个体，在很大程度上也会产生不同结果。

（3）过程取向

过程取向观点重视个体在面对变化和困境时呈现出来的应对过程。

结果取向观点阐释了心理韧性的作用，品质取向观点说明了心理韧性可以通过有意识地培养内化为个体固有的品质，过程取向的观点阐释了心理韧性的获得过程。

相关链接

心理韧性的影响因素主要包括个性因素和环境因素。

（1）个性因素

个性因素是指个体内部有助于在逆境中克服困难并积极发展的特质性因素。

（2）环境因素

环境因素包括来自家庭、学校和社区等更大社会范围的积极因素。首先是家庭环境因素。家庭作为个体成长的最初和最重要场所，其环境和氛围对于心理韧性的形成具有关键作用。其次是学校环境因素。积极的学校氛围、强烈的学校归属感、良好的同伴关系等，对于个体心理韧性的培养是非常有意义的。最后是社区环境因素。社区环境也被认为对心理韧性的发展有着重要影响，一般认为，成长于较差社区环境中的孩子相比成长于较好社区环境中的孩子，更容易出现消极的适应结果。

80. 心理韧性在应对工作压力中的作用有哪些?

心理韧性是一种积极适应和克服挫折，并恢复正常状态的能力，它不仅能提升我们的心理健康，还有益于全面的身心发展。具有心理韧性的人往往能更快地从困境中恢复，保持良好的心理健康状态，并在困难环境中找到更多的机会和发展空间。在应对工作压力时，心理韧性发挥着至关重要的作用，具体体现在以下七个方面。

（1）增强适应能力

心理韧性能使人更好地适应变化和挑战，这在充满工作不确定性和快速变化的工作环境中尤为重要。

（2）积极应对困难

高心理韧性的人在面对工作中的问题时更加积极主动，而不会选择逃避或否认问题。他们更倾向于积极寻找解决问题的方法，以更加主动的态度应对困境。

（3）提升恢复力

心理韧性有助于我们在遭遇挫折或失败后迅速恢复。这意味着即使在工作中遇到困难，也能快速调整情绪，重新投入工作中。

（4）保持积极态度

即使面对巨大的工作压力，高心理韧性的人也能保持乐观，看到问题的积极面，从而减轻压力的负面影响。

（5）提高问题解决能力

在工作中遇到复杂问题时，高心理韧性的人更擅长运用创造性思维思考和解决问题。

（6）建立良好的人际关系

在压力环境中，心理韧性可以帮助我们保持冷静和理智，更有效地与同事沟通和合作，共同应对挑战。

（7）提升自我意识和自我管理能力

高心理韧性的人通常能够清晰地认识到自己的情绪和行为，有效管理自己的情绪，避免在压力下作出冲动或不理智的决策。

相关链接

在生活中，心理韧性的作用主要表现在以下三个方面。

（1）增强适应能力

心理韧性有助于我们更好地适应生活环境的变化和应对压力情境，减少负面情绪的产生，从而提高整体的适应能力。

（2）促进心理弹性

心理韧性能够使我们在面对生活的挫折、失败时保持乐观心态，积极面对困难，从而维持良好的心理健康状态。

（3）提升自我价值感

通过培养心理韧性，我们能够更好地认识自己的优点和长处，提升自我价值感，进而更加自信地应对生活中的压力和挑战。

81. 如何培养心理韧性?

（1）积极参加体育锻炼

参加体育锻炼能够显著增强人们的意志力，从而提高心理韧性。身体抗疲劳的能力与心理抗挫折的能力往往呈正相关。例如，高水平的心理韧性是运动员取得成功非常重要的特征。一个人如果能克服身体上的疼痛或疲劳，其内心的承受能力也会相应增强。然而，在现今手机、网络普及的时代，体育锻炼在很大程度上被忽视。体育锻炼不仅能强身健体，还能有效舒缓压力，增强个体自信、乐观、坚韧等积极心理品质。

除了鼓励多参加体育锻炼外，合理安排休息时间也同样重要，保持“张弛有度”的生活方式，能够避免因身心过度紧绷而导致崩溃。当身体健康、内心愉悦时，面对困难时会更有信心；反之，当身心疲惫或生病时，个体往往容易放大困难，对克服困难的信心不足。

（2）正确认识自我

生活中，过于自负和自卑都是不能正确认识自我的体现，认为自己“无所不能”或“一无是处”都是缺乏客观自我认知的体现。世界上没有完美的个体，每个人都应正视自己的优点和缺点，与自己的不足“和解”。要承认自己在有些地方不如他人，所谓悦纳自己，就是要真正了解、乐于接受并喜欢自己，承认个体差异，允许自己在某些方面存在不足。

（3）培养积极的内部韧性品质

积极的内部韧性品质是指有助于个体应对逆境，促进良好适应和发展的内在心理因素。心理韧性动态模型认为，合作、移情、自我价值感、自我效能等都是积极的内部韧性品质。这些积极的内部韧性品质的形成，能够使个体在生活、学习和工作方面有良好表现。

内部韧性品质是可以通过后天培养增强的。鼓励积极参加团体辅导、专题讨论、素质拓展训练和逆境想象等团体活动，互相交流学习，分享彼此的心情，互相帮助、互相接纳，最终树立积极的信念并指导行动，从而培养积极的内部韧性品质。

（4）重建认知，培养乐观心态

乐观向上的心理品质是心理韧性的鲜明特征。众所周知，乐观心态能够给人带来积极影响，但真正能够做到在绝大多数情况下保持乐观心态的人却是少之又少。事实上，除去少数天生的乐观主义者外，大多数人是通过有意识地重建认知来培养自己的乐观心态的。

从事件到感受，中间有一个“信念”模式在影响着不同人对于同一事件的不同感受。重建认知，就是要重建这一“信念”系统，通过有意识的、系统的练习，逐渐将消极的解释风格转变为积极的解释风格，从而在面对困难和挑战时保持积极乐观的心态。

（5）建立直面挫折的成长思维

成长思维是心理韧性的核心要素。相对于固定思维，成长思维鼓励我们直面生活中的困境和挫折，坦然地与压力共存，并积极应对环境变化，从而使我们在抗挫与解困中获得更快成长。达尔文在进化论中指出，一个物种之所以能够生存下来，往往不是因为他最聪明、最强大，而是因为它最能够适应环境的变化。因此，挫折教育和抗压能力的培养，对一个人的成长尤为重要。

82. 心理韧性与职业有哪些关系？

（1）心理韧性与职业适应能力

心理韧性是个体在职业环境中应对职业挑战的核心能力。研究表明，具有较高心理韧性的个体更能有效地应对工作中的变化和压力，从而保持出色的工作表现和稳定的职业满意度。

（2）心理韧性与职业成长和创新

心理韧性是推动个体在职业生涯中持续成长和发展的不竭动力，有助于个体在面对失败和挫折时保持积极的心态，从经验中学习，并持续推动创新。这种学习和创新能力是优秀职业品质的重要组成部分。

（3）心理韧性与职业满意度和离职意向

心理韧性与职业满意度呈正相关，与离职意向呈负相关。具有较高心理韧性的个体更能感受到职业满足感，并倾向于在组织中稳定工作，减少离职的可能性。

（4）心理韧性与压力管理和工作绩效

心理韧性与有效的压力管理能力密切相关，能够有效管理工作压力的个体往往能保持更高的工作绩效和生产力。此外，心理韧性有助于提高工作参与度并减少职业倦怠的发生。

（5）心理韧性与领导力发展

领导力与心理韧性之间存在密切联系。心理韧性使领导者在面对困难和挑战时能够保持冷静和专注，这是优秀领导者所具备的关键能力。此外，心理韧性也与领导者的情绪智力和社会智力密切有关，这些能力对于领导者的成功至关重要。

相关链接

心理韧性的研究方式如下。

（1）以变量为中心的研究方式

以变量为中心的研究方式主要聚集于考察各变量之间的关系。根据已有的研究，马斯滕等学者总结出了三类主要的变量间的关系模型，分别是直接关系模型、间接关系模型和交互关系模型。

（2）以被试为中心的研究方式

以被试为中心的研究方式更加关注对个体整体性的分析和理解。这种方式不再局限于单一变量，而是试图弄清自然情境下心理韧性的结构模式，这种研究方式类似于精神病学中的分类系统，将个体的各种心理特征和行为表现组织成一种整体性适应。大多数以被试为中心的研究方式试图通过多元标准鉴别出在高危和低危生活环境中具有良好适应模式的人群以及具有不良适应模式的人群，从而揭示是哪种模式导致了适应结果差异。经典的以被试为中心的研究方式中，心理韧性的研究是通过比较在相同危险环境中适应良好的被试组与适应不良的被试组来进行的。

83. 遇到挫折时，如何利用心理韧性进行自我恢复?

（1）挫折感知敏感性和乐观性的培养

个体如果能敏锐地感知自身可能遭遇的挫折，便能更好地把握自身处境，进而作出明智决策并采取有效行动。如果个体身处危险之中却浑然不觉，危险因素便可能逐渐积累，最终造成不可挽回的后果。因此，敏感的压力或逆境感知为个体应对挫折争取了宝贵的时间。

培养乐观的心态，将逆境视为可变的挑战，对未来心怀憧憬和希望，坚信人生有其独特意义是成功应对挫折的秘诀，是促进身处逆境者健康发展的最有效技能。不合理的挫折信念主要有以下三种。

1）绝对化。绝对化是指个体以自己的意愿为出发点，对某一事物怀有其必定会或必定不会发生的信念，常与“必须”“应该”这样的词连在一起。

2）过分概括化。这是一种以偏概全的不合理信念，如他人稍有过失就认为这个人无一可取之处，全面否定。

3）不可接受。这种不合理信念认为挫折一旦发生，必定会非常可怕、糟糕与不幸，是不可接受的。

一旦个体有了上述不合理的挫折信念，挫折感就会常驻心中。在心理健康教育中，应帮助人们认识到这些不合理的挫折信念的存在，并鼓励人们主动调整自己的看法和态度，以降低挫折感并成功应对挫折。

（2）积极自我观念的培养

心理学研究表明，具有较高自我能力觉知的人往往倾向于积极归因，将行为结果归因于努力而非运气。较高的自我能力觉知有助于提高个体的社会交往自信程度和主动性，并使他们更偏好挑战。对于处于挫折之中的个体来说，这种自我能力觉知尤其重要。但对于那些过于自信的个体来说，虽然短期内可能有利于自己应对挫折，但从长远来看，过度自信导致他人觉得自己不够真诚，从而给他人留下消极印象。因此，培养个体正确认识和评价自身的能力至关重要。只有这样个体才能根据环境及情形调整自己的应对策略并合理利用社会资源，从而成功地应对挫折。这体现了个体有较高的心理韧性。

常见的自我意识的心理问题，如自卑与自负，往往源于自我认知不当。自卑表现为过低评价自己的能力和品质。自卑的个体在与人交往中往往做过多保留，交往情况总是不太理想。对于自卑心理的处理可以考虑从两个方面进行积极自我观念的培养：一是引导个体表露自我认知，让其内心得到充分倾诉，并从中找到自卑的原因；二是结合一些认知疗法和行为训练如自信训练等，提高其自信心。而自负的人通常想问题、做事情都从自我出发，总觉得只有自己的决定和见解才是正确的，受不得一点批评。与这种人交往常常让人很不舒服，因为这种人很少平等对待交往对象，不懂得尊重和谦让。全面地自我认知是解决自负问题的关键。

（3）“读人”能力的培养

当个体面临挫折时，需要调用自身及社会支持资源以进行有效应对。对于重大挫折，仅凭个人力量往往难以应对，此时社会支持尤为重要。早在心理韧性概念确立之初，社会支持就被认为是心理韧性最重要的保护性因素。有关研究表明，通过表达挫折中的压抑或沮丧情感可能会引发他人的同情心，进而获得支持；同时，善于根据外界尤其是他人的心理状态及人际关系主动寻求帮助也是关键。因此，培养个体把握他人个性等心理品质及人际关系的能力，可提高个体寻求社会支持的主动性与有效性，为预防因挫折而导致心理问题提供有力保障。

84. 无法实现职业目标时的心理应对策略有哪些？

当无法实现职业目标时，感到受挫和失望是很自然的反应。然而，通过采取一系列有效的心理应对策略，可以帮助我们更好地管理情绪，重新找到前进方向。无法实现职业目标时的心理应对策略主要有以下四种。

（1）培养自身的心理韧性

心理韧性可以帮助个体在面对挫折和失败时保持坚韧不拔和积极乐观的心态，勇敢面对困难，从而促进良好的心理健康状态。

（2）乐观接受现实

我们要正视自己的感受，无论是失望、沮丧还是愤怒，这些都是正常的情绪反应。接受这些感受是成长的一部分，也是我们前进的动力。

（3）重新定位职业目标

重新定位职业目标的方法包括四个方面：一是要与自己的职业取向相匹配，即与自己的性格类型、兴趣爱好、职业价值观、自身需求及梦想相匹配；二是要与商业价值相关联，即要充分结合自身的学历、工作经历、能力水平以及可利用的资源状况；三是要与职业环境相协调，即要考虑经济大环境、行业发展状况以及地域环境等因素；四是要与制约因素相妥协，即要考虑相关的法律法规和自身的局限性等。

（4）运用适当的心理防御机制

常见的心理防御机制有：①压制，将不愉快或痛苦的记忆、感受、思想暂时压制，以减少心理负担；②投射，将自己的某些情感、欲望或责任归咎于他人或外部环境，以减轻内疚感或罪恶感，但值得注意的是，过度使用投射可能导致误解和冲突；③否认，拒绝接受现实或情感上的痛苦，以避免受到伤害，但值得注意的是，长期否认可能延缓问题的解决；④升华，将原本的负面情绪或冲动转化为更具建设性的行为或表达方式，以减轻内心压力并获得满足感，升华是一种积极的心理防御机制。

85. 如何处理工作中的自我怀疑和不安全感？

（1）追溯自我怀疑的根源

首先，需要深入剖析自我怀疑的来源，是由于工作环境压力所致还是源于个人自信心不足？或是由于缺乏必要的技能和经验造成的？准确识别这些原因，能够帮助我们更好地应对自我怀疑。

（2）客观评估自身能力

客观评估自己在工作中的表现，既要看到自身强项，也要正视自己需要改进的地方。人无完人，每个人都有成长和进步的空间，对自己要有足够的自信。

（3）设定切实可行的目标

为自己设定清晰、具体、可实现的短期目标和长期目标。这些目标既要具有一定的挑战性，又要确保在自己的能力范围内。通过逐步完成这些目标来提升自己的能力，并培养处理工作的能力，从而提高自信心。

（4）积极寻求他人帮助

与家人、朋友或同事保持沟通交流，也可以询问领导对自己工作表现的满意度，了解他们对你工作的期望与建议。同时，不要害怕寻求心理支持，如职业辅导或心理咨询，这些都可以帮助你更好地应对自我怀疑。

（5）进行自我肯定与持续学习

每天提醒自己关注自我价值和成就。记录下自己的成就和收到的正面反馈，这可以在你感到自我怀疑时提供力量。同时，不断学习新技能和新知识可以帮助你增强自信，如专业技能以及时间管理、沟通技巧等软技能。

（6）维持良好的工作与生活的平衡

保持健康的生活方式，注重工作与生活的平衡。这有助于减少压力和提高整体的心理健康状态，从而更好地应对工作中的挑战和自我怀疑。

相关链接

处理自我怀疑和不安全感方面主要有三个理论。

（1）认知行为疗法原理

认知行为疗法作为一种心理治疗方法，其核心在于帮助个体识别和转变负面思维模式。通过识别工作中的消极自我对话，如“我做不到”或“我不够好”，并用更实际、积极的自我陈述来替代它们，可以有效减轻自我怀疑和不安全感。

（2）自我效能理论

自我效能理论强调，提高个体对自己完成特定任务的信心可以增强工作表现和职业满意度。可以通过设定并实现小目标、观察他人的成功经验、接受他人的鼓励和支持，以及管理自己的情绪和生理状态来提高自我效能。

（3）职业发展理论

职业发展理论强调个体通过探索自己的兴趣、能力、价值观和职业目标，可以提高职业确定感和满意度。这种对自我和职业路径的深入了解有助于减少职业不确定性和自我怀疑。

86. 工作有关疾病是什么？

（1）工作有关疾病的定义

工作有关疾病是指工作环境中存在的各种有害因素，直接或间接地作用于从业人员，进而引发的一类多因素、非特异性的疾病。从广义上来说，职业病也属于工作有关疾病的一种。

工作有关疾病的定义包含以下三层含义。

1）职业因素是该类疾病发生和发展的诸多因素之一，但通常不是唯一的直接病因。

2）职业因素对健康产生不良影响，促使潜在的疾病显露或加剧已有疾病的病情。

3）通过改善工作条件和环境，可使所患疾病得到控制或缓解。

（2）常见的工作有关疾病

常见的工作有关疾病包括：心理精神障碍性疾病，如疑病症、神经症等；与工作有关的心血管系统疾病，如高血压等；

消化系统疾病，如溃疡病等；肌肉骨骼损伤类疾病，如腰背痛、肩颈腕损伤等；工作场所中可能传播的传染病，如病毒性肝炎、结核病和真菌感染等。

由于工作有关疾病往往是多种因素交互作用的结果，其确切病因往往不明确，因此防治工作必须采取多学科的综合措施，依靠各方面人员的共同参与和协作。尤其是职业卫生专家、各级医疗人员、卫生防疫工作者和工厂保健人员等，都应充分认识到工作有关疾病防治工作的重要性。

87. 如何在工作中做好情绪管理和避免冲动行为？

在工作中，情绪管理和避免冲动行为是维护个人职业形象和促进团队和谐的关键。有效的情绪管理不仅有助于提高工作效率，还能促进团队合作。在工作中，应从以下六个方面做好情绪管理和避免冲动行为。

（1）深入了解自己的情绪

在工作中，我们难免面对各种挑战，如压力、不满和挫折等。学会观察和识别自己的情绪反应，明确何时可能感到愤怒、焦虑或沮丧就显得尤为重要。通过对自己情绪的认知，我们能更好地掌控它们，而不是被情绪所控制。

（2）学会恰当的情绪表达是关键

虽然情绪波动在工作中无法完全避免，但我们可以通过适当的方式来缓解情绪波动。例如，在需要回应某个事件时，应尽量避免在紧张的情境中冲动回应，给自己一些时间冷静思考，选择一个合适的时机和地点，以冷静和理性的态度表达自己的想法，这样既有效传达了信息，又避免了不必要的冲突。

（3）培养解决问题的能力

面对挑战和困难时，我们不应陷入被动的消极情绪中无法自拔。相反，试着将问题分解为若干小而可控的步骤，并找到解决方案。这种积极主动的态度可以减轻情绪压力，并激发我们更有动力应对工作中的各种问题。

（4）建立健康的工作和生活的平衡

长时间的工作和过度的压力可能导致情绪失控。确保有充足的休息时间、保持良好的睡眠质量以及积极参与健康的娱乐活动，这些都有助于提升情绪稳定性。

（5）在决策前冷静思考

在决策前冷静思考是控制冲动行为的有效方法。在面临需要作出决策的情况时，不要急于行动，而是给自己一些时间来深入思考，这有助于防止因冲动而作出的决策。为了加强这一能力，可以考虑制定一套决策流程，确保在作出决策前充分考虑各种因素。

（6）寻求专业帮助

如果情绪管理障碍成为工作过程中的一种持续性困扰，不妨考虑咨询专业心理健康专家，他们可以提供个性化建议，帮助我们更好地理解和管理自己的情绪。

八、心理健康与社交

88. 社交与心理健康有什么关系?

社交是社会交往的简称，是指在一定的心理活动驱使下，人们之间相互往来和进行精神交流。心理健康则是指心理的各个方面及活动过程处于一种良好或正常的状态。心理健康的理想状态是保持性格完好、智力正常、认知正确、情感适当、意志合理、态度积极、行为恰当以及适应力强的状态。

社交与心理健康之间存在着深刻而紧密的关系，这一关系在个体的整体幸福感和心理韧性方面发挥着关键作用。人类天生具有社会性，社交不仅是日常生活中的重要组成部分，更是影响心理健康的重要因素。

（1）社交支持对心理健康的积极影响不可忽视

在人生的各个阶段面对困境和挑战时，能够依赖亲密的人际关系获得情感上的支持，有助于我们缓解压力、减轻焦虑和抑郁情绪。研究表明，拥有稳固的社交支持网络的个体更容易适应生活的变化，更有可能在面对逆境时保持心理平衡。

（2）社交孤独和孤立感常常成为心理健康问题的风险因素

长时间的孤独可能引发负面情绪，如抑郁和焦虑等，严重影响个人的生活质量。因此，建立和维护健康的人际关系对预防孤独感和促进心理健康至关重要。通过积极参与社交活动、加入社群和与他人分享经历，我们能够增强自我认同感和归属感。

（3）人际关系的质量直接关系到个体的心理健康水平

稳定、互助且充满支持性的友谊和家庭关系有助于形成情感上的安全感，提升生活满意度和幸福感。在这样的社交环境中，个体更容易培养出积极的心理特质，如乐观和自信，从而更好地应对生活的挑战。

（4）社交技能也对个体的心理健康状态具有重要影响

具备良好的社交技能有助于我们建立良好的人际关系，更好地融入社交环境；相反，社交技能的欠缺可能导致社交焦虑，进而对心理健康产生不良影响。通过积极学习和培养有效的社交技能，如沟通、表达和倾听能力等，我们能够更加自信地面对社交场合，增强心理韧性。

然而，社交并非总是带来正面影响。社交比较往往成为潜在的心理健康挑战。与他人的过度比较可能导致自我负面评价、不安和自卑感。在社交媒体盛行的时代，过度关注和比较他人的生活和成就可能加剧这一问题。因此，培养积极健康的社交比较观念，关注自身的独特之处和个人价值，是维护心理健康的重要一环。

社交与心理健康之间的关系是复杂而多元的。积极的社交体验有助于个体建立支持性的社交网络、发展健康的人际关系、掌握有效的社交技能，从而提高心理健康水平；反之，社交问题、社交孤独和社交障碍可能对心理健康产生负面影响。因此，关注和促进积极的社交互动对于维护心理健康至关重要。

89. 在工作中建立健康社交关系的方法有哪些?

在工作中建立健康社交关系对于个人的职业发展和心理健康都非常重要。一个良好的社交网络不仅有助于解决工作中的问题，还能提升工作满意度、营造积极的工作氛围。

（1）积极主动地参与团队活动是建立社交关系的关键

参加单位组织的团建活动、庆典、培训课程等，是与同事建立联系的社交途径，这种互动不仅可以加深与同事之间的了解，还能在轻松的氛围中建立起更为亲密的关系。

（2）注重与同事的沟通和合作

在工作中，积极主动地与同事沟通交流，分享工作中的心得和体会，能够拉近人与人之间的距离。建立起开放、透明的沟通渠道有助于解决潜在的工作矛盾，促进良好的团队合作。在交流中保持尊重和理解，避免言辞激烈，也有助于维持良好的工作关系。此外，对于新同事，可以主动进行介绍和提供帮助。新同事通常需要一段时间来适应新的工作环境，提供友好的支持和帮助有助于他们迅速融入团队，这不仅有助于形成积极的工作氛围，还能增加整个团队的凝聚力。

（3）注意保持对工作的认真态度

即使与同事之间建立了亲密关系，也需要在工作场合保持专业态度和责任心。此外，定期参加行业活动也是建立社交关系的一种有效途径。加入专业组织、参与行业交流会议，可以扩大社交圈，结识更多的同行和业内专家，这不仅有助于获取新的信息和资源，还能积极促进个人职业发展。

（4）不断地投入和努力

建立健康社交关系是一个长期的过程，需要不断投入和努力。通过积极参与团队活动、主动与同事沟通、提供帮助等方式，可以在工作中建立起积极的、支持性的社交网络。这对于个人的职业发展和心理健康都具有积极影响。通过这些努力，我们可以更好地适应工作环境，提升职业满意度，规划更为成功的职业生涯。

90. 如何处理不健康的工作关系以维持心理健康?

在工作中，不健康的工作关系可能对个体心理健康造成严重的负面影响。解决这类问题不仅有助于缓解压力，提高工作满意度，还能促进整体的职业发展。

（1）认识问题并审视自身

在处理不健康的工作关系之前，个体需要对问题有清晰的认识。反思自己是否也存在一些行为或态度上的问题，了解是自己还是他人的原因导致了不良工作关系，这有助于找到解决问题的切入点。

（2）尝试直接沟通

如果条件允许，直接与同事进行开放、坦诚的沟通，表达自己的情绪与感受。在沟通过程中，应表明希望解决问题的态度，而不是指责对方。通过有效沟通，或许可以为存在的问题找到合理的解决方案。如果直接沟通不够有效，可选择寻求第三方帮助，可以考虑寻求上级领导、人力资源部门或专业咨询师的帮助。第三方能够提供更为中立的意见和建议，协调冲突，促使双方找到解决问题的方案。

（3）学会设定边界

应明确自己的职责范围，学会拒绝不合理的要求，避免被他人的负面情绪所左右。通过良好的时间管理和任务分配，确保个人有足够的时间和精力来完成工作，从而减轻工作压力。

（4）提高自己的情商

应学会在压力下保持冷静，有效地处理情绪，不让负面情绪影响到个人工作效能。通过冥想、运动、艺术等方式释放压力，有助于保持良好的心理健康状态。

（5）积极寻找支持系统

与他人分享自己的经历，可能会得到不同的观点和建议；通过参加行业组织、社交活动或职业网络，扩大社交圈，以寻求他人的建议和支持。

（6）寻找新的职业机会

如果一切尝试都未能改善工作关系，考虑寻找新的工作机会也是一种解决途径。在某些情况下，离开一段有害的工作关系可能是保护个体心理健康的最佳选择。在寻找新工作过程中，可以汲取之前的经验教训，选择一个更符合自己价值观和发展需求的工作环境。

91. 网络社交对职业心理健康的影响如何?

网络社交是指人与人之间的关系通过网络平台得以建立和发展，表现为以各种社会化网络软件构建的社交网络服务平台。互联网催生了一种全新的人类社会组织和生存模式，这种模式悄然改变了我们的生活，构建了一个超越地理空间界限的、庞大的群体——网络群体。

网络社交在当今职业生活中扮演着日益重要的角色，对职业心理健康产生了深远影响。具体体现在以下四个方面。

（1）提供了拓宽社交圈的机会

通过专业社交平台，个人可以与同行、业界专家建立联系，分享经验和知识。这有助于获取行业内的最新动态，促进职业发展。然而，在网络社交中保持真实性和专业性至关重要，避免虚假宣传或夸大其词，以维护个人信誉。

（2）建立了虚拟竞争环境

网络社交也可能带来与他人的虚拟竞争，影响个体的心理健康。在社交媒体上，人们往往乐意分享自己的成功和美好瞬间，这容易引发一种比较文化。个体容易陷入与他人的过度比较中，从而导致自我负面评价、焦虑和不安。因此，个体需要学会合理对待他人的成就，保持对自己的正面评价，避免陷入虚拟竞争的旋涡。

（3）提供了表达和寻求支持的平台

在专业群组或网络社交平台上，个体可以分享工作中的问题和挑战，以获取同行的建议和鼓励。这有助于缓解工作压力，促进积极乐观的心态。但需要注意的是，网络社交存在暴露个人隐私的问题，敏感信息应避免在公共平台上公开讨论。

同时，职业人士还需要注意时间管理。社交媒体的使用可能分散注意力，导致工作效率下降，增加职业压力。因此，需要合理规划使用社交媒体的时间，确保其不会干扰到正常工作。

此外，网络社交也涉及职业形象的建立和维护。个体在网络上的言行举止会直接影响到领导和同事对其印象。因此，在网络社交平台上保持专业、得体的形象，注意言行举止，以维护良好的职业信誉，这对于职业发展至关重要。

（4）导致信息过载和沟通不畅的问题

由于信息的多样性和庞大性，个体可能会感到压力倍增。在这种情况下，个体需要提高筛选信息的能力，关注对自己有益的内容，避免被无用信息所困扰。在与同事的网络沟通中，要确保沟通的明确性和有效性，避免因误解和沟通不畅引起冲突。

网络社交对职业心理健康的影响复杂而深远。正确、合理地利用网络社交平台，可以为职业人士提供丰富的资源和机会，促进职业发展。然而，也需要警惕其中潜在的压力和挑战，以保持健康的职业心态。通过理性看待和积极引导网络社交，个体可以更好地应对职场挑战，实现职业与心理的双赢。

92. 如何在工作中避免社交孤立？

社交孤立又称为社交隔离、社会孤立、社会隔离，是指人与社会之间完全或接近完全缺乏联系的状态。在职场中，避免社交隔离对于维护心理健康、促进工作效能至关重要。社交隔离可能导致孤独感，对工作产生不满，甚至阻碍职业发展。应从以下九个方面努力避免社交孤立。

（1）积极参与团队活动

例如，参加单位组织的团建活动、庆典、培训课程等，是与同事建立联系的绝佳机会，这些活动不仅营造了轻松愉快的氛围，还有助于拉近人与人之间关系，营造积极的工作氛围。

（2）主动与同事沟通和合作

在工作中，积极主动地与同事沟通，分享工作心得和体会，有助于建立稳固的沟通关系。与同事合作完成项目，不仅可以促进互相了解和信任，还能有效减轻社交孤独的感觉。

（3）建立良好的人际关系

建立良好的人际关系需要彼此信任。因此，保持真实和开放的态度是关键。应多与同事分享自己的经验和成就，同时倾听他们的故事，有助于建立深厚的工作关系。

（4）提供友好的引导和帮助

新同事通常需要一段时间来适应新的工作环境，而友善的沟通和支持有助于他们更快地融入团队，避免社交孤立的困境。

（5）避免排斥和歧视

应尊重每个人的个性和背景，避免言行中的伤害和歧视，有助于营造一个包容、温暖的工作环境，减少社交孤独的发生。

（6）定期参加行业活动和职业网络

通过加入专业组织、参加行业交流会议，可以扩大社交圈，结识更多的同行和业内专家，为个体提供更丰富的社交资源和职业发展机会。

（7）利用现代科技手段

利用现代科技手段促进社交变得越来越重要。在线会议、社交媒体等工具为远程工作环境中的社交提供了便利。通过定期的线上会议、团队聚会等方式，可以保持与同事的联系，弥补因地理隔离而产生的社交距离感。

（8）建立社交支持系统

与同事建立亲密的工作关系，互相支持、分享经验，有助于个体更好地应对工作压力，减轻社交隔离带来的负面影响。

（9）要培养自己的社交技能

学会主动与人交往、有效表达自己的观点、倾听他人的意见等，都有助于我们更好地融入工作团队，减少社交隔离的可能性。

93. 在团队合作过程中如何提升心理健康水平？

在工作中，团队合作对于个体的心理健康有着深远影响。一个充满合作与默契的团队不仅能提高工作效率，还能增强团队成员的自信心，缓解工作压力，营造积极的工作环境。以下是在团队合作过程中提升心理健康水平的方法与手段。

（1）明确团队的目标与使命

团队目标有助于团队成员在工作中找到方向感和归属感，激发团队成员的积极性，成为共同努力的动力之源。同时，使命感也有助于个体更好地认同团队的存在和价值。

（2）建立良好的沟通机制

高效的沟通是团队合作的关键。可通过定期召开团队会议等方式，确保信息流通畅通，让每个团队成员都能及时了解项目的最新进展。鼓励开放、诚实的沟通氛围，使每个团队成员都感到被尊重和重视。

（3）建立团队互信关系

团队成员之间的信任关系有助于减轻工作压力，能够提高个体的归属感。通过分享成功经验、失败教训以及互相提供支持，团队成员能够更好地理解和信任彼此，形成更加牢固的合作关系。

（4）激发创造力和团队精神

鼓励团队成员提出新的想法和解决问题的新方法，使每个团队成员都感到自己的价值和贡献被认可。通过共同面对挑战和克服困难，团队成员之间的默契和凝聚力也会不断增强。

（5）提供正面的团队文化

鼓励团队成员互相支持、分享喜悦和成功，形成正面的工作氛围。积极的团队文化能够提升整体士气，减轻团队成员在工作中的心理负担。

（6）合理分配任务和责任

可以通过合理分配工作任务，避免压力过度集中在某个团队成员身上。通过了解团队成员的兴趣和专长，合理安排任务，让每个团队成员都能够发挥所长，都感到自己的工作是有意义的。避免出现个别团队成员过度劳累而影响整体团队的心理健康。

（7）充分发挥团队领导者的作用

领导者需要具备良好的领导风格，激发团队成员的工作积极性，引导团队实现共同的目标。平等、开明的领导风格会让团队成员感到被尊重和理解，有助于维护团队的心理健康。

（8）培养团队成员的团队意识

可以通过培训、团队活动、团队建设等方式，提高团队成员对整体目标的认同感和责任感。团队意识的加强有助于形成共同的工作价值观，促进更加紧密的合作。

（9）定期进行团队评估和反馈

通过定期的团队绩效评估，团队成员能够清晰了解自己在团队中的表现，及时发现问题并积极改进。同时，领导者的反馈和鼓励也有助于激发团队成员的积极性，提高其心理健康水平。

94. 如何应对工作中的歧视和不公平待遇？

工作中的歧视和不公平待遇对于职工来说无疑是一种挑战，但是可以通过采取积极的策略来处理这类问题，维护自己良好的心理健康状态，同时推动组织建立公平的工作环境，具体可以从以下九个方面进行努力。

（1）要保持冷静和理性

面对歧视和不公平待遇时，人们的情绪可能会产生波动，但冷静思考是解决问题的第一步。应避免过度情绪化的反应，以理智的态度对待问题，这有助于更有效地解决问题。

（2）深入了解本单位的政策

在面对歧视和不公平待遇时，熟悉本单位的政策和程序是至关重要的。了解投诉流程、申诉途径以及本单位对待这类问题的立场，可以帮助自己在合适时机采取合适行动。

（3）保留证据

收集关于歧视和不公平待遇的证据，包括日期、时间、地点、涉及的人员等详细信息。这些证据可以用于支持自我主张，并在需要时提供给本单位的人力资源部门或上级领导。

（4）尝试与有关人员直接沟通

有时候，对话可能是解决问题的良好途径。通过诚实、开放的对话，表达自己的感受，了解对方的观点，有助于消除误解，促进共同理解。

（5）寻求其他部门帮助

如果直接沟通无法解决问题，可以寻求上级领导或人力资源部门的帮助。向上级领导或相关部门提出正式投诉，阐述清楚问题，并提供你认为合理的解决方案，这需要对本单位体制和流程有清晰的了解。

（6）尽量寻求支持

在困境时，向同事、朋友或家人寻求支持是很重要的。他们的理解和鼓励可以帮助树立信心，并提供合理化建议，从而更好地面对问题，减轻心理负担。

（7）提升专业能力

要注重培养自己的职业技能和知识，提升自己的专业素养。通过持续学习和提高自身价值，可以提高自己在组织中的地位，减轻可能受到的歧视影响，更好地应对挑战。

（8）考虑寻求法律援助

如果在本单位范围内未能妥善处理问题，或者受到的歧视和不公平待遇属于违法行为，可以咨询专业律师，了解是否有法律途径以追求公平。

（9）寻找新的职业机会

如果所在单位的文化和环境一直无法改善，也应当考虑寻找新的职业机会。在一些情况下，转换到更加包容和公平的工作环境可能是保护自己权益的有效途径，也是保持良好心理健康状态的一种应对措施。

95. 如何应对工作中的孤独和隔阂？

工作中的孤独和隔阂是许多人在职场中都可能遇到的问题，应对这些问题的方法有以下六点。

（1）主动交流

与同事保持积极的交流和互动，参加团队会议和活动，主动分享自己的想法和经验。这样的交流有助于增强彼此之间的了解和信任，从而建立良好的人际关系。

（2）寻找共同点

在与同事交流时，努力发掘共同的兴趣爱好或话题，以寻找共同点，从而增进彼此间的亲近感和友谊，这有助于减轻孤独感和隔阂感。

（3）建立良好的工作关系

与同事建立互助、支持、合作的工作关系，这不仅能够增强团队凝聚力，还可以减少工作中的孤独感和隔阂感。

（4）寻求支持

当感到孤独和隔阂无法缓解时，可以寻求上级领导或人力资源部门的支持和帮助。他们可以提供有针对性的建议和支持，帮助解决问题。

（5）保持积极心态

对待工作和同事时，要保持积极的心态和乐观的态度，避免过于消极和沮丧，这有助于减轻孤独感和隔阂感，提高工作效率和团队合作水平。

（6）寻找新的机会

如果长期处于孤独和隔阂的状态，可以考虑探索新的职业机会，如调岗、转行等。这不仅有助于缓解孤独感和隔阂感，还可能提供新的职业发展机遇。

96. 如何处理与工作相关的人际冲突?

在工作中，与同事、客户等进行交流时，难以避免地会发生人际冲突，如果无法妥善处理此类冲突，将对个体的心理造成不良影响，进而降低工作效率甚至影响身心健康。为了妥善处理此类人际冲突，以下列出几点注意事项。

（1）保持冷静

面对人际冲突时，务必要保持冷静，不要被情绪左右。冷静思考是解决问题的前提。

（2）倾听对方观点

在解决人际冲突之前，要认真倾听对方的观点和想法，深入理解问题的本质和根源。

（3）积极有效沟通

沟通是化解人际冲突的关键。要学会清晰、明确地表达自己的想法和立场，同时也要尊重对方的意见和感受。沟通过程中避免使用攻击性语言或情绪化的言辞。

（4）尝试在互相尊重的基础上妥协

在解决人际冲突时，可以尝试在双方都有诚意和尊重的基础上进行妥协，以找到一个双方都能接受的解决方案。

（5）寻求帮助

如果双方无法自行解决人际冲突，可以寻求第三方帮助，可以是上级领导或是人力资源部门，也可以是其他相关人员。